Margit Kruse

Weihnachtsgeschichten aus dem Ruhrgebiet

Bildnachweis

Titelbild: ullstein-TopFoto

Johannes Kruse, Gelsenkirchen: S. 8; Margit Kruse, Gelsenkirchen: S. 18, 57; ullstein-Westend61: S. 28; Bärbel Michels, Forsthaus Rehsiepen: S. 48; Klaus Herzmanatus, Gelsenkirchen: S. 52; Anne Nikolayzik, Herten: S. 62; Eva Kelm, BP- Gelsenkirchen: S. 69; Brigitte Napalowski, Marl: S. 74; ullstein-Lauterwasser: S. 78

2. Auflage 2019

Layout und Satz: Christiane Zay, Potsdam
Druck: Druckerei Zimmermann Druck + Verlag GmbH, Balve
Buchbinderische Verarbeitung: Buchbinderei S. R. Büge, Celle

34281 Gudensberg-Gleichen, Im Wiesental 1
Tel. 0 56 03 - 9 30 50
www.wartberg-verlag.de
ISBN 978-3-8313-2745-4

Inhalt

Mövchen soll nicht frieren

Wieder war es so weit. Die Adventszeit gehörte für Dieter zu der schönsten Zeit im Jahr. Die Plätzchenbäckerei mit dem wohligen Geruch im ganzen Haus, die Schmückerei und das Aufstellen des Tannenbaums sowie die Geschenke am Heiligen Abend. Natürlich genoss der zehnjährige Junge alles im Stillen, zeigte die Freude nicht so offensichtlich wie seine jüngeren Geschwister.

Und doch machte er sich in diesem Jahr Sorgen. Der Wintereinbruch kam viel zu früh und zu heftig. Einen Tag vor Weihnachten hatte es noch einmal richtig viel Schnee gegeben, sodass der Verkehr total zum Erliegen kam. Im Jahre 1963 fuhren noch nicht so viele Autos wie heute und die Menschen waren es gewohnt, ihre Einkäufe zu Fuß oder mit dem Rad zu erledigen. Der Linienbus, der direkt vor dem Haus hielt, hatte wegen der Schneemengen den Verkehr eingestellt und Fahrrad fahren konnte man ebenfalls vergessen. Eben wegen der extremen Wetterverhältnisse hatten die Schulferien schon Mitte Dezember begonnen. Eigentlich konnte Dieter zufrieden sein. Wenn da nicht Mövchen gewesen wäre. Mövchen, seine Taube, die ihm sein Vater geschenkt hatte. Sie war eine altdeutsche Mövchentaube, außergewöhnlich schön, schneeweiß mit einem ganz besonderen Federkleid. Da Dieter sie von klein an aufgezogen hatte, war sie handzahm. Dieters Vater, der auf der Zeche Neumühl in Duisburgs gleichnamigem Stadtteil Neumühl, nur einige Straßen weiter, beschäftigt war, hielt die Tauben in einem selbst gebauten Taubenstall mitten im Garten. Er war ein sogenannter „Taubenvatta“. Tauben waren zu der damaligen Zeit die Rennpferde des kleinen Mannes und fast jeder Kumpel in der Zechenkolonie Bergmannsplatz hielt sich welche. Die Taubenbesitzer waren einem Brieftaubenzuchtverein angeschlossen und die Tiere wurden fast jedes Wochenende, wenn das Wetter es erlaubte, auf Reisen geschickt. Bei den Wettbewerben wurden die Tauben mit einem Speziallastwagen zu einem bis zu 1000 Kilometer vom Heimatort entfernten Auflassplatz transportiert, von wo sie ihren Heimflug antraten. So manche Brieftaube brachte seinem Besitzer ein stolzes Preisgeld ein. Mövchen jedoch war keine Brieftaube, sondern eine Ziertaube und nur für Dieter da, brauchte an keinem der langen Flüge teilzunehmen, war sein geliebtes Haustier.

Am Morgen des Heiligen Abends ließ man Dieter nicht in den Taubenstall, obwohl sein Vater den Weg dorthin vom Schnee freigeschaufelt hatte. Wegen der Minusgrade sei es viel zu kalt im Stall, meinte die Mutter. Dieter machte sich Sorgen um seine Taube, obwohl der Vater ihn beruhigte und meinte, dass sie die Kälte schon aushalten würde.

Seine Mutter war dabei den Tannenbaum zu schmücken, den sein Vater soeben eingestielt hatte. Neben den alten silberfarbenen Kugeln und den Wachskerzen in den passenden Kerzenhaltern kamen selbst gebastelte Strohsterne an den Baum.

Plötzlich klingelte es an der Tür. Dieters Freunde Heinz und Horst wollten ihn zum Schlittenfahren abholen. So war der Junge erst einmal abgelenkt, zog sich warm an und verschwand mit seinen Freunden Richtung Zechengelände. Dort gab es eine alte Halde, die ideal zum Rodeln war.

„Aber nur zwei Stunden, es ist sehr kalt“, rief die Mutter ihm noch hinterher. Doch schon war Dieter verschwunden. Die Sorgen um Mövchen waren vorerst vergessen. Mit seinem Schlitten rannte er den beiden Freunden hinterher.

Am Nachmittag, als er völlig durchgefroren neben dem heimeligen Kohleofen saß, um sich aufzuwärmen, wanderten seine Gedanken wieder zu Mövchen. Seine nassen Sachen hingen über der Ofenstange zum Trocknen. Die Mutter hatte ihm neue, feine Kleidung angezogen. In einer Stunde sollte die Bescherung sein. Wie konnte er sich bloß in den Taubenstall schleichen und Mövchen ins Warme holen? Sein Vater würde ihm etwas anderes erzählen, wenn er ihn erwischen würde.

Als die Bescherung vorbei war und seine Geschwister mit ihren Geschenken beschäftigt waren, sein Vater vor dem Fernseher saß und seine Mutter sich um das Essen kümmerte, nutzte Dieter die Chance, schlich sich mit dem Vorwand zur Toilette zu müssen aus dem Haus und begab sich zum Taubenstall. Wie eisig kalt es war, man hörte den Wind pfeifen. Das Fenster war total vereist. Dieter zitterte. Das gleichmäßige Taubengurren hatte etwas Beruhigendes. Die Tauben machten jedenfalls nicht den Eindruck, als litten sie wegen der Kälte. Dieter entdeckte Mövchen sofort. Sie saß in ihrer Ecke in Augenhöhe und schaute Dieter aus wachen Augen an. Dieter meinte, Freude in ihnen erkennen zu können. Er griff nach ihr, drückte sie an sich, steckte sie anschließend unter seinen Pulli und schlich sich wieder ins Haus.

Leise ging er die Treppe nach oben in sein Zimmer, welches er sich mit seinem Bruder Peter teilte. Seine Mutter hatte sein Bett neu bezogen. Wunderschöne Bettwäsche mit Tiermotiven, die seine Patentante aus dem Sauerland selbst genäht und ihm geschickt hatte. Er sah sich im Zimmer um, nachdem er die Nachttischlampe angeschaltet hatte, überlegte kurz und setzte Mövchen am Fußende seines Bettes auf das Holzteil. Ein kleines Schälchen mit Wasser stellte er noch auf die Matratze sowie eine Schüssel mit zerbröseltem Zwieback.

Dieter kümmerte sich liebevoll um seine Taube, genannt Mövchen, und machte ihr ein besonderes Weihnachtsgeschenk, von dem längst nicht alle in der Familie begeistert waren.

Dieter hatte die Aktion gut vorbereitet. Doch nun musste er wieder runter, denn die Mutter hatte schon nach ihm gerufen.

Alle saßen bereits bei Tisch und stürzten sich auf den Kartoffelsalat und die Würstchen. Keiner schien gemerkt zu haben, dass er das Haus verlassen hatte und im Garten gewesen war. Zur Feier des Tages gab es für die Kinder Dunkelbier. Dieter aß mit großem Appetit, er war nun entspannt, denn Mövchen musste nicht mehr frieren. Oben in den Zimmern war es zwar nicht so warm wie unten, wo der große Kohleofen für Wärme sorgte, doch die Türen standen auf und ließen warme Luft nach oben.

Nach dem Essen wandte Dieter sich seinen Geschenken zu. Eine selbst genähte Hose sowie einen gestrickten Pullover hatte er von seinen Eltern bekommen. Dazu noch zwei Karl-May-Bücher. Er war enttäuscht, dass die gewünschte Carrera-Rennbahn nun doch nicht dabei war. Andererseits hatte sein Patenonkel ihm 50 Mark geschickt. Vielleicht im nächsten Jahr, sagte er sich und träumte weiter von der Autorennbahn.

Wenig später schnappte er sich seinen bunten Weihnachtsteller, verabschiedete sich, gab vor noch lesen zu wollen und ging nach oben in sein Zimmer. Mövchen saß noch immer am Fußende auf dem Bettgestell, den Kopf nach vorn geneigt. Es sah aus, als schliefe sie. Als Peter kurze Zeit später das Zimmer betrat, staunte er nicht schlecht, als er die Taube sah. Dieter redete mit Engelszungen auf ihn ein, ja nichts den Eltern zu verraten. Wenig später schliefen die Jungen ein.

Am anderen Morgen folgte ein böses Erwachen. Fröhlich gurrte Mövchen vor sich hin, sprang auf dem Bett herum, trank von dem Wasser und pickte von den Zwiebackkrümeln. Sie schien mit sich und der Welt zufrieden.

Peter riss erschrocken seine Augen auf. „Da wird Mama aber schimpfen“, meinte er mit einem Blick auf die große Sauerei die Mövchen angerichtet hatte. Die schöne Bettwäsche war mit den grün-weißen Hinterlassenschaften von Mövchen verunziert. Das Wasserschälchen war umgefallen und hatte die Matratze durchnässt. Die Zwiebackreste waren im ganzen Bett verteilt. Peter bekam es mit der Angst zu tun und fing an zu schreien, was natürlich die Eltern auf den Plan rief.

Ja, das gab vielleicht Ärger. Der Vater schnappte wütend die Taube und trug sie zurück in den Stall. Die Mutter zog unter lautem Schimpfen das Bett ab und konnte sich gar nicht beruhigen.

„Du bist ein dummer Junge, Dieter", meinte sie. „Was hat die Taube denn davon, eine einzige Nacht in deinem Zimmer zu verbringen? Der Winter dauert noch lange."

„So hatte sie wenigstens eine schöne Heilige Nacht", meinte Dieter kleinlaut.

Kurz und gut. Die Flecken in der Bettwäsche ließen sich nicht entfernen. Von den 50 Mark, die Dieter zu Weihnachten vom Patenonkel bekommen hatte, wurde neuer Stoff für Bettbezüge gekauft. Dieter war es egal. Er dachte mit Freuden an diese Weihnachtsnacht zurück. Nie hatte er besser geschlafen. Endlich hatte es Mövchen einmal so richtig gut gehabt, davon war er überzeugt.

Die Weihnachtstüte

Ich fuhr mit dem klapperigen Fahrstuhl in den vierten Stock des städtischen Pflegeheims Haunerfeld, das direkt am Buerschen Hauptfriedhof lag. Ein riesiger Kasten, der mich immer an ein billiges Hotel irgendwo an der spanischen Küste erinnerte. Knatternd hielt der Aufzug endlich an und ich betete, dass ich die Tür so ohne Weiteres öffnen und dem gruseligen Ding entsteigen konnte. Mit der Privatstation zu beginnen hatte seinen Vorteil. Die Schneeziege, die sonst immer auf dem Gang herumschlich, war nicht zu sehen. Schneeziege hatte ich sie getauft, weil sie dichte weiße Haare hatte, die zu einem kunstvollen Gesteck auf dem Kopf drapiert waren. Außerdem hatte sie Haare auf den Zähnen, bedrohte uns mit Fäusten, rief uns Schimpfworte hinterher und das nur, weil wir an regnerischen Tagen, wenn uns die Langeweile plagte, das Pflegeheim aufsuchten, um Aufzug zu fahren. Ich gebe zu, dass wir regelrecht darauf warteten, dass die alte Frau ihren Frust herausließ, weil uns das köstlich amüsierte. War sie mal nicht in Sicht, gingen wir auf den Balkongang zu ihrem Zimmer und klopften wild an die Fensterscheibe, um sie aus dem Schlaf zu wecken.

Heute war alles friedlich. Die Flure waren wie immer gebohnert. An der Decke hingen Adventskränze, die diese Tristesse durchbrechen sollten. Oft hatte ich als Kind mit einem Chor hier auf den Gängen Weihnachtslieder für die alten Leute gesungen. Auf jeder Etage die gleichen Lieder: „Macht hoch die Tür" und „Es kommt ein Schiff geladen". Dafür bekamen wir Kakao und Kuchen.

Ich ging zum Flurfenster am Ende des Ganges und schaute hinunter in den Park. Dort standen meine beiden Kaugummi kauenden Freundinnen in ihren gammeligen Bundeswehrjacken und rauchten eine Zigarette. Ich möge mich beeilen, hatten sie mir noch mit auf den Weg gegeben. Sie würden auf mich warten.

Anfang der Siebzigerjahre war ich ständig pleite. Zwei Mark fünfzig Taschengeld in der Woche reichten eben nicht. So freute ich mich, als in unserer Kirchengemeinde ein Bezirk zu vergeben war, in dem die Kirchenzeitung ausgetragen werden sollte. Das waren heiß begehrte Posten für die Konfirmanden, um sich ihr Taschengeld aufzubessern. Mein Bezirk, das städtische Pflegeheim, hatte den Vorteil, dass alle meine Kundinnen unter einem Dach zu erreichen waren, mir somit lange Wege erspart blieben. Außerdem war das Trinkgeld nicht schlecht. Je ärmer die Leute, desto mehr gaben sie.

Ich beschloss, bei Frau Kramer anzufangen. Sie hatte oben auf der Privatstation ein geräumiges Zimmer mit Fernseher und Südbalkon. Hier roch es nicht so stark nach Franzbranntwein und Mittagessen wie auf den anderen Stationen. Im Rollstuhl sitzend, war die kleine Frau mit dem dunklen Lockenkopf stets freundlich und ausgeglichen, hatte immer ein liebes Wort für mich. Beim monatlichen Abkassieren rundete sie die Summe großzügig auf, was mich erfreute. Kassieren war heute, dem letzten Donnerstag vor Weihnachten, zwar nicht dran, doch hoffte ich auf eine Mark Weihnachtsgeld. Doch es sollte schlimmer kommen.

Frau Kramer strahlte mich liebevoll an, als ich in ihr Zimmer trat, fragte mich, wie es mir ginge und bot mir einen Stuhl an. Da ich es wegen meiner beiden wartenden Freundinnen eilig hatte, kürzte ich die Unterhaltung ein wenig ab. Sie nahm mit einem gütigen Blick die Zeitung entgegen und reichte mir im Gegenzug eine prall gefüllte Weihnachtstüte. Schockiert nahm ich sie entgegen, stammelte ein „Dankeschön“, wünschte ihr „Frohe Weihnachten“ und verschwand aus ihrem Zimmer.

War die Kramer so weltfremd, dass sie nicht wusste, dass man einer Jugendlichen mit fast vierzehn Jahren keine bunte Tüte mehr schenkte? Auf dem Gang inspizierte ich in einer stillen Ecke erst einmal den Inhalt dieser Tüte und fragte mich, wer ihr das wohl besorgt hatte. Ich riss den Umschlag, der sich darin befand, auf. Eine schlichte Weihnachtskarte, mit Worten in kleiner Krakelschrift geschrieben, kein Geld.

Ich lieferte drei weitere Zeitungen im obersten Stock aus und ging dann die Treppe hinunter zur Station drei. Die Kordeln der schweren Tüte mit dem wilden Weihnachtsglockenmuster brannten in meiner rechten Hand. Ich riskierte einen weiteren Blick hinein. Ein roter Apfel, eine Apfelsine, Nüsse und Süßigkeiten ohne Ende entdeckte ich: Marzipanbrote, ein Schokoweihnachtsmann, Spekulatius, Fondantkringel und vieles mehr. Beim Anblick der unverpackten Teile streifte mich ein Hauch von Ekel.

Was würden meine beiden Freundinnen, die, genau wie ich, schon sehr erwachsen wirken wollten, sagen, wenn ich ihnen gleich mit der Tüte entgegentreten würde? Sie würden sich abrollen vor Lachen, würden mich vernatzen. Würden sich über die alte Frau, die sie mir geschenkt hatte, lustig machen. Morgen in der Schule wäre ich Gesprächsthema Nr. 1: „Ey, wisst ihr schon das Neuste? Die hat eine Weihnachtstüte geschenkt bekommen! So was schenkt man kleinen Kindern! Hä, hä, hä!“ Ich würde mich an meinem letzten Schultag vor Weihnachten zum Gespött der ganzen Klasse machen. Wollte ich das? Nein, ganz bestimmt nicht.

Meine nächste Kundin, ein einbeiniges dünnes Mütterchen, saß vor ihrer Zimmertür auf einem Drehstuhl, rieb sich mit einem halben Apfel die Hände ein und grinste mich an. Ich gab ihr ihre Zeitung, woraufhin sie in ihr Zimmer verschwand.

Ich hatte Tränen in den Augen. Wie wurde ich bloß diese olle Tüte los? Ich sah meine Mutter und meinen Bruder vor mir, wie sie den Inhalt der Tüte skeptisch betrachten und ihre Kommentare abgeben würden.

Ich schaute mich um. Der Gang war menschenleer. So stellte ich die Tüte einfach vor einer Zimmertür ab und verschwand in dem Aufzug. Ich lehnte mich gegen die Wand des dunklen Ungetüms und atmete tief durch. Meine Hand brannte. Doch ich war froh, die Tüte erst einmal los zu sein. Ich war kein Kind mehr. Was hatte die Kramer sich bloß dabei gedacht? Ein Fünfer wäre mir lieber gewesen. Wie in Trance lieferte ich auf den anderen Stationen die restlichen Zeitungen aus. Anschließend begleitete ich meine beiden Freundinnen, die nun ihre Bezirke mit Zeitungen beliefern mussten, bevor ich den Heimweg antrat.

Frau Kramer und die Riesentüte traten in den Hintergrund. Ich genoss die Weihnachtsferien und die alljährlichen Feierlichkeiten zu Hause. Am ersten Donnerstag im Januar hatte ich Frau Kramer und die Tüte schon vergessen. Ich ging davon aus, dass das Pflegeheimpersonal die Süßigkeiten entsorgt oder auf der Station verteilt hatte. Freundlich begrüßte ich Frau Kramer, wünschte ihr ein Frohes Neues Jahr, nachdem ich ihr Zimmer betreten hatte. Sie nahm die Zeitung nicht entgegen, zeigte nur mit heruntergezogenen Mundwinkeln auf das kleine Tischchen. Ansonsten sprach sie kein Wort mit mir. Sie blickte mich nur entsetzlich traurig an. Ich konnte Tränen in ihren Augen schimmern sehen.

Tja, ich hätte die Karte wohl besser entfernen sollen. So hatte man der guten Frau Kramer schließlich die Tüte zurückgebracht. Noch gut zwei Jahre, so lange ich ihr die Zeitung brachte, sprach die Frau kein einziges Wort mit mir. Ein Weihnachtsgeschenk gab es auch nicht mehr.

Der große Bruder

Karl lief an diesem herrlichen Wintertag durch die Berger Anlagen. Seit einer guten Woche lag Schnee, der Berger See war zugefroren und zum Betreten freigegeben. Die Sonne schien und das Thermometer zeigte acht Minusgrade. Eigentlich kein ideales Wetter für einen der „Platte machte". Trotzdem hatte es ihn wieder hierher gezogen. Hoffte er vielleicht, seine Töchter hier zu treffen? Beide waren hervorragende Schlittschuhläuferinnen, wusste er. Auch er hatte einmal Schlittschuhe besessen und seine Runden gedreht, wenn der See zugefroren war. Als Kind mit seinen Freunden, später mit Christa und zur Krönung dann mit seinen Mädchen. Wo waren seine Schlittschuhe jetzt? Bei dem anderen Krempel in der Garage seiner Eltern vielleicht? Er wusste es nicht. Seit einigen Wochen hatte er kein Zuhause mehr, fragte sich jeden Tag, wo er in der Nacht schlafen würde. Oft hatte er Glück und kam bei einem Freund unter, was bei dieser Kälte schon wie ein Lottogewinn war. Bisher hatte er erst zweimal unter freiem Himmel schlafen müssen und das war grausam. Einige Male schlief er im Caubbunker, einem Männerübernachtungsheim. Doch das war nicht seine Welt. Dort traf er echte „Penner", „Stadtstreicher" und „Junkies", zu denen er sich nicht zählte.

Er hatte einfach nur wahnsinniges Pech gehabt, konnte nicht einmal genau sagen, wie es so weit mit ihm gekommen war. Christa hatte ihn mit den Mädchen verlassen, wollte mehr vom Leben, wie sie sagte. Irgendwann konnte er ihr den Unterhalt nicht mehr zahlen, weil er seine Arbeit verlor. Und dann musste er aus der Wohnung raus. Seine Eltern, die ihm anfangs noch geholfen hatten, kehrten ihm irgendwann den Rücken. Nun hatte er nichts mehr. Zu Weihnachten wären sie verreist, hatten sie ihm mitgeteilt. Mit anderen Worten: „Sieh zu, wo du die Feiertage verbringst."

Er kam an den Bootsanleger. Fröhliches Treiben um ihn herum. An der Getränkebude war mächtig was los. Erwachsene ließen sich Glühwein schmecken, Kinder tranken Kakao. Heute Mittag hatte er sich in der Krankenhausküche des Marienhospitals in Buer satt essen können. Ein Geheimtipp eines Bekannten.

In weiter Ferne konnte er das imposante Schloss Berge entdecken. Eine Traumkulisse für Schlittschuhläufer. Doch nicht nur die tummelten sich auf dem Eis. Kinder wurden auf Schlitten über die Eisfläche gezogen, ältere Leute gingen eingehakt übers Eis spazieren.

Karl stimmten die ausgelassenen Menschen melancholisch. In zwei Tagen war Weihnachten und er wusste nicht wohin. Noch immer hielt er Ausschau nach seinen Mädchen. Wann würde er sie wiedersehen? Christa hatte ihm am Telefon mitgeteilt, dass er sie zu Weihnachten nicht besuchen dürfe. Er würde ihnen noch nicht einmal etwas schenken können.

Am nächsten Tag suchte er wieder den Berger See auf und auch am übernächsten zog ihn der zugefrorene See magisch an. Er wunderte sich, dass sogar am Vormittag des Heiligen Abends so ein Betrieb herrschte. Verzweifelt suchte er nach seinen Kindern, doch wieder einmal vergeblich.

Gerade als er sich abwandte, wurde er von einer alten Dame angesprochen. Aus rot geweinten Augen sah sie ihn freundlich an. Sie trug einen beigen Wollmantel mit Nerzkragen, dazu eine passende Kappe. „Herbert! Junge! Da bist du ja.

Ich habe so lange auf dich gewartet. Ich wusste, dass du zu Weihnachten kommen würdest. Lass uns nach Hause gehen." Resolut packte die zierliche Dame seinen Arm, hakte sich bei ihm unter und schob ihn in die entgegengesetzte Richtung. Karl wollte protestieren, die Verwechslung, die wohl vorlag, aufklären. Doch immer, wenn er den Mund aufmachte, fuhr die energische Frau ihm über den seinen und schnatterte ihn voll.

So fügte er sich seinem Schicksal, neugierig, was gleich kommen würde. Was hatte er schließlich zu verlieren? Sie überquerten die Straße und waren im anderen Teil des Schlossparks. Auch hier, auf dem kleineren See, drehten Schlittschuhläufer ihre Runden. Wie er dem Redeschwall der Dame entnahm, wohnte sie in der Arenfels Straße, einer der vornehmsten Gegenden der Stadt. Vor einer Backsteinvilla hielt die alte Frau inne, suchte in ihrer Tasche nach dem Haustürschlüssel und schloss auf.

„Du musst durchgefroren sein, mein Kind. So lange unterwegs. So lange in Gefangenschaft. Furchtbar. Ich wusste, dass du kommen würdest, Herbert. Alle haben mich für verrückt erklärt. Doch ich wusste, dass du noch lebst." Ihre alten blauen Augen strahlten ihn an.

Spätestens jetzt wäre es an der Zeit gewesen, das Missverständnis aufzuklären, ihr zu sagen, dass er nicht der heimgekehrte Sohn Herbert war, der sich von der russischen Front aufgemacht hatte, zu Weihnachten zu Hause bei seiner Mutter zu sein. Der Krieg war seit 30 Jahren zu Ende. Herbert war sicherlich gefallen. Falls nicht, musste er inzwischen steinalt sein.

Wohlige Wärme schlug Karl entgegen. Wärme und der Geruch von Gänsebraten. Sein Magen knurrte. Nein, er konnte

Am Berger See trafen sich in den 70er-Jahren Alt und Jung zum Schlittschuhlaufen.

ihr nicht sagen, dass er Karl war, einer der „Platte machte" und nichts mehr besaß. Ihm bot sich die Gelegenheit, warme Weihnachten zu verbringen, sich satt zu essen und in einem kuscheligen Bett zu schlafen. Die alte Dame bat Karl sie Anna zu nennen. Sie nahm ihm seine alte Adidas-Tasche ab, trug sie nach oben in sein Zimmer, wie sie sagte. Nichts sei verändert worden, betonte sie mehrmals. Karl sah sich jedoch erst einmal in den unteren Räumen um. In so einer vornehmen Villa war er noch nie gewesen. Antike Möbel aus dunklem Holz, dicke Orient-Teppiche, imposante Ölgemälde an den Wänden und Vorhänge aus edlem Brokatstoff beeindruckten ihn.

Und schon wurde er zu Tisch gebeten. Die alte Dame, Karl schätzte sie auf ungefähr 80 Jahre, war wieselflink und äußerst geschickt. Sie hatte keine Hilfe, meisterte alles allein. Begeistert starrte er auf die wunderschön hergerichtete Tafel mit dem edlen Geschirr und dem Tafelsilber. Wieso hatte sie ausgerechnet heute so ein tolles Menue gezaubert, fragte er sich. Wieso rechnete sie gerade heute mit der Rückkehr des Sohnes? Überall standen Bilder des jungen Herbert herum. Karl musste zugeben, dass er eine große Ähnlichkeit mit ihm selbst hatte. Im Jahre 1940, mit gerade 20 Jahren, war ihr jüngster Sohn einberufen worden, erzählte Anna. Sie hatte ihn nie wiedergesehen.

Während sie sich die knusprige Gans, die Knödel und den Rotkohl schmecken ließen, las sie ihm aus Herberts Briefen vor, die er ihr von der Front geschickt hatte. Das Einzige, was ihr von ihm geblieben war. 55 Jahre wäre ihr Sohn heute, würde er noch leben. 20 Jahre älter als Karl.

„Ich habe alle deine Briefe aufbewahrt, mein Junge", erzählte sie Karl stolz.

Karl brachte es immer noch nicht übers Herz, seine wahre Identität preiszugeben. Zum einem, weil die alte Dame ihm leidtat. Zum anderen, weil er sich selber leidtat und diese wohlig warme Gelegenheit, Weihnachten zu verbringen, einfach auskosten wollte. Bei der Nachspeise, wozu Anna einen herrlich süßen Dessertwein reichte, erzählte sie ihm, dass ihr ältester Sohn Paul behauptete, sie wäre verrückt und Herbert längst tot.

„Dein Bruder wird staunen, wenn er dich sieht", verkündete Anna mit einem Strahlen im Gesicht voller Stolz.

Karl verschluckte sich an seinem Bratapfel. „Ja, das glaube ich auch."

Später setzten die beiden sich vor den Fernseher und schauten sich einen alten Film an. Anna war lange nicht mehr so glücklich gewesen. Immer wieder sah sie zu Karl herüber und lächelte zufrieden. Auch Karl schien entspannt. Wann hatte er zuletzt so gut gegessen? In so einer vornehmen Villa zu Gast zu sein, hatte etwas, musste er feststellen. Tausendmal besser als die Feier für Alleinstehende, die alljährlich von der Kirche organisiert wurde und an der er ursprünglich hatte teilnehmen wollen.

Gegen 22 Uhr gingen die beiden die breite Treppe ins obere Stockwerk hinauf. Anna zeigte ihm stolz sein Zimmer. Karl musste zugeben, dass er sich wie in einem Museum vorkam. Doch alles war sauber und in dem schweren Baldachin-Bett fühlte er sich geborgen.

Zufrieden erwachte er am nächsten Vormittag. Er stand aus dem Bett auf und ging zum Fenster, da er eine Autotür hatte zuschlagen hören. Gegen neun Uhr wollten sie zusammen frühstücken, hatte ihn Anna gestern Abend in Kenntnis gesetzt.

Der Blick aus dem Fenster auf die verschneite Straße der vornehmen Siedlung sagte ihm jedoch, dass er das Frühstück vergessen konnte. Der feine ältere Herr, der aus dem noblen Daimler stieg, musste sein angeblicher Bruder Paul sein. Und Paul würde dem hier ganz schnell ein Ende bereiten, war Karl sich sicher.

Und so war es auch. Traurig, mit der alten Tasche in der Hand, verließ Karl wenig später die Villa. Der alte Paul rief ihm noch wüste Beschimpfungen hinterher. Seine Mutter stand weinend in der Tür. Fazit: Einen Bruder zu haben, muss nicht unbedingt von Vorteil sein!

Die große Enttäuschung

Die Vorweihnachtszeit war für uns Kinder die schönste Zeit im Jahr. So auch im Jahre 1966, obwohl es für unsere Stadt Gelsenkirchen ein besonders schlimmes Jahr war. Die Bergbaukrise hatte gerade ihren Höhepunkt erreicht. Trotz großer Proteste wurde die Förderung der Zeche Graf Bismarck eingestellt und über 7000 Bergleute verloren ihre Arbeit. Das war für unsere Familie sehr hart, da auch mein Vater auf dieser Zeche beschäftigt war.

Trotzdem ging das Leben weiter. Überall sah man Adventskränze mit brennenden Kerzen und duftende Tannensträuße mit buntem Schmuck. Es wurden Plätzchen gebacken und Strohsterne gebastelt. Wir Kinder fragten uns täglich, ob unsere Wünsche in Erfüllung gehen würden. Ich hatte mehrere Wünsche – Rollschuhe, eine Puppenküche und auch andere – ich wollte mich da nicht festlegen. Auf unserem langen Schulweg redete ich mit meiner Freundin über das bevorstehende Fest, und wir rätselten, was wir wohl diesmal bekämen. Von unseren Eltern hörten wir immer wieder, dass es in diesem Jahr mit den Geschenken zu Weihnachten nicht so rosig aussehen würde. Deshalb war es uns egal, was zu Weihnachten unter dem Baum liegen würde. Wichtiger war, dass unsere Väter wieder eine neue Arbeit gefunden hatten.

An einem verschneiten, grauen Nachmittag in der ersten Adventswoche hatte ich Langeweile, nachdem meine Mutter mit der Nachbarin zu einem Stadtbummel aufgebrochen war. Ich sah aus dem Fenster und träumte vor mich hin. Würde sie etwa nach meinem Geschenk Ausschau halten? Mein Vater war noch bei der Arbeit und so beschloss ich, mal auf dem Dachboden zu stöbern. Ich nahm den Schlüssel aus dem Schlüsselkasten, verließ unsere Wohnung, stieg die Treppe nach oben zum Dachboden hinauf und öffnete die Tür. Sofort schlug mir eine ungemütliche Kälte entgegen. Der Dachboden war nicht ausgebaut und man konnte jede einzelne Dachpfanne erkennen. Ganz in der Ecke links war unsere Dachkammer. Ich bahnte mir den Weg zwischen steif gefrorener Bettwäsche und schloss das kleine Vorhängeschloss auf. Als ich den winzigen Raum betrat, fiel mir sofort eine Kiste auf, die mit einem großen Laken bedeckt war. Hatte ich es doch geahnt! Das war bestimmt mein Weihnachtsgeschenk! Mein Herz schlug schneller. Ich öffnete die Kiste vorsichtig und riskierte einen Blick hinein: Eine wunderschöne Puppenstube befand sich in diesem Karton. Ich konnte von oben zwei Zimmer erkennen, ein Schlafzimmer und eine Wohnstube, beide mit Möbeln ausgestattet. Schnell verschloss ich den Karton wieder, legte das Laken ordentlich darüber und verließ eilig den Dachboden.

Beim Abendessen fiel meiner Mutter auf, wie ruhig ich war. Ob es mir nicht gut ginge, wollte sie wissen. Doch ich saß nur da und träumte von der Puppenstube. Damit hatte ich nun gar nicht gerechnet. Wann hatten sie die besorgt? Und wo? Fragen über Fragen gingen mir durch den Kopf. Ich antwortete deshalb nur sehr einsilbig, was wohl auch an meinem schlechten Gewissen lag.

Die Adventstage zogen dahin und immer, wenn ich allein zu Hause war, konnte ich der Versuchung nicht widerstehen. Ich machte ständig einen Abstecher zum Dachboden. Beim zweiten Mal hob ich mit aller Kraft die Puppenstube aus dem

Karton, um alles genauer betrachten zu können. Diese winzigen Möbel aus honigfarbigem Holz waren ein Kunstwerk. In den Betten lagen kleine karierte Oberbetten. Das Wohnzimmer hatte einen Ofen und einen Kamin. An den Fenstern, die sich öffnen ließen, hingen geblümte Gardinen und auf den Fensterbänken standen winzige Blumentöpfe. Ich taufte die drei Bewohner – niedliche bekleidete Püppchen –, die nun bald mein Eigen sein sollten. Ich träumte nur noch von dieser Puppenstube. Obwohl ich mir eigentlich gar keine gewünscht hatte, gefiel mir der Gedanke, bald damit spielen zu können. Meine Abstecher in die Dachbodenkammer schienen niemandem aufzufallen. Ich versuchte auch, möglichst keine Spuren zu hinterlassen und war immer sehr vorsichtig.

Endlich war es so weit. Am Heiligen Abend herrschte mittags die übliche Hektik. Mein Vater kümmerte sich um den Baum, meine Mutter war bei den Essensvorbereitungen, und ich musste mich, wie in jedem Jahr, zur Kirche fertig machen. Der Gottesdienstbesuch mit meiner Oma war, trotz Eis und Schnee, obligatorisch und ich hatte es aufgegeben, dagegen anzukämpfen. Nachdem wir durchgefroren nach Hause kamen und gegessen hatten, ging es endlich zur Bescherung. Vor Aufregung hatte ich wieder kaum etwas essen können. Ich freute mich, dass ich nun endlich offiziell mit der Puppenstube spielen konnte und mich nicht mehr heimlich in die eiskalte Dachkammer schleichen musste. Die kleinen Puppen, sie waren aus Vollgummi, waren aber auch allerliebst, ganz weich und biegsam. Sie trugen bunte Kleidung aus Stoff und waren mir in den letzten Wochen sehr ans Herz gewachsen.

Dann ging endlich die Tür zum Wohnzimmer auf. Die Flammen der Wachskerzen spiegelten sich in den silbernen Kugeln und Vögeln wider. Unter dem Tannenbaum standen, wie in jedem Jahr, die prall gefüllten bunten Teller. Daneben auf dem Tisch lagen, wie immer, die Geschenke. Doch was war das? Wo war denn die Puppenstube? Auf dem kleinen Tisch stand neben einigen bunt verpackten Geschenken ein Kaufladen. Ich verstand die Welt nicht mehr. Wieso Kaufladen?

Ich betrachtete ihn und musste zugeben, dass es ihm an nichts fehlte. Eine große rote Kasse stand auf dem Ladentisch, daneben eine richtige Waage mit winzigen Gewichten. Viele verschiedene Päckchen, Kartoffeln und Obst aus Marzipan lagen in den Fächern und auch kleine Tüten zum Verpacken in verschiedenen Größen fehlten nicht. Alles war perfekt und doch war ich tief enttäuscht. Wo war meine Minifamilie? Wo die herrlichen Zimmer mit den schönen Holzmöbeln? Was wurde hier gespielt?

Ich sah meine Mutter mit Tränen in den Augen an.

„Ja, gefällt er dir denn nicht?“, wollte sie wissen.

„Doch schon“, stammelte ich. „Aber die …!“ Ich verstummte. Es hatte mir die Sprache verschlagen.

„Aber was?“, wollte meine Mutter wissen und sah mich traurig an. „Wir dachten, du freust dich über einen Kaufladen! In diesem Jahr hast du nicht ein einziges Mal gebettelt, das Christkind möge dir dein Geschenk vorher schon einmal kurz zeigen. Das hat uns eigentlich gewundert!“

Ich verstand die Welt nicht mehr. Beim Anblick des Kaufladens kam keine Freude auf. Ich vermisste die Puppenstube, traute mich aber nicht danach zu fragen. Was hätte ich auch sagen sollen? Etwa, dass ich heimlich bereits damit gespielt hatte? Und dass ich wusste, dass es gar kein Christkind gab?

Am nächsten Tag war meine Laune noch nicht besser. Ich hatte den Kaufladen bisher kein einziges Mal angerührt.

Auch der bunte Teller und das tolle Fernsehprogramm verschafften mir keine Ablenkung. So zog ich meine warmen Sachen an und ging nach draußen, in der Hoffnung, der frisch gefallene Schnee würde meine Laune bessern. Dort traf ich meine Freundin, die im Hause gegenüber wohnte. Sie saß auf ihrem Schlitten und zog ein Gesicht wie sieben Tage Regenwetter. Sie erzählte mir, dass sie sehr enttäuscht sei. Sie hätte das falsche Geschenk bekommen.

„Das falsche Geschenk?“, fragte ich sie verwundert.

Sie hätte sich so sehr einen Kaufladen gewünscht, ja, sie hatte sogar schon heimlich damit gespielt, nachdem sie ihn im Keller entdeckt hatte. Bei der Bescherung stand da plötzlich eine Puppenstube, die sie überhaupt nicht haben wollte!

Endlich fiel bei mir der Groschen. Ich fing an zu lachen und konnte mich gar nicht mehr beruhigen. Als ich ihr erzählte, dass ich ihren Kaufladen bekommen hätte, fing ihr Gesicht an zu strahlen. Das hatten sich unsere Mütter ja fein ausgedacht. Weil sie wussten, dass wir neugierig waren und vorher schon immer überall herumschnüffelten, hatten sie die Geschenke in diesem Jahr einfach getauscht, damit es für uns am Heiligabend eine echte Überraschung werden sollte. Das Geschenk meiner Freundin wurde bei uns auf dem Dachboden aufgehoben, und meines im Keller bei der Freundin. Die beiden Mütter wollten auf Nummer sicher gehen. Ganz schön raffiniert, fand ich.

Wir beschlossen, uns nicht damit zufriedenzugeben und gingen zuerst zu meinen und dann zu ihren Eltern. Ein gemeinsamer Familienrat wurde kurzfristig einberufen und gegen den Willen unserer Eltern bestanden wir darauf, unsere Weihnachtsgeschenke zu tauschen. Nur sehr widerwillig stimmten sie dem zu, nachdem unsere Väter meinten, dass nicht alles im Leben immer so ginge, wie man es gern hätte und man auch mal seine Wünsche zurückstecken müsse.

Schlussendlich bekam ich die geliebte Puppenstube und meine Freundin den ihr schon bekannten Kaufladen. Und so gab es für unsere Väter, unsere Familien und ganz besonders für uns beide doch noch fröhliche Weihnachten.

Aus dem Leben eines Schaukelpferdes

An das Weihnachtsfest 1971 konnte sich Birgit Krause noch gut erinnern. Sie war 14 Jahre alt. Der Ernst des Lebens hatte für sie am 1. September begonnen. Sie durfte die von ihr ausgewählte Ausbildung als Bürokauffrau antreten. Damals konnte sie zwischen vier Ausbildungsstellen wählen. Im Jahre 1970, als sie ihre Bewerbungen losschickte, gab es in der Bundesrepublik nur 98 000 Arbeitslose. Man riss sich regelrecht um Auszubildende. Nach mittlerweile fast vier Monaten Berufstätigkeit war sie jedoch ziemlich ernüchtert. Obwohl sie arbeiten ging, wurde sie wie ein Kind behandelt, was sie oft ärgerte.

Sie war gespannt, was in diesem Jahr für sie unter dem Tannenbaum liegen würde. Sicherlich nur Kleidungsstücke, da sie für Spielzeug zu alt war. Vielleicht war sie nicht in Weihnachtsstimmung, weil die Familie mitten im Umbau steckte. Ein neues Badezimmer sollte bei den Krauses eingebaut werden. Wände waren herausgerissen worden, aus zwei winzigen Räumen ein großer gemacht. All das war zu Weihnachten leider nicht fertig geworden, was ihren Vater ziemlich wütend machte, nun, zu den Feiertagen, im Dreck zu leben. Die Stimmung war bei der Familie somit gereizt. Verwandte wurden aus diesem Grund für den Abend nicht eingeladen. So würden sie nur zu fünft sein: Birgit, ihre Eltern, ihr Bruder und ihre Oma.

Der Weihnachtsbaum war gerade fertig geschmückt, als es an der Tür klingelte. Es war der griesgrämige Nachbar von nebenan, der sich kurzentschlossen an der Ecke einen Weihnachtsbaum gekauft hatte und sich nun einen Christbaumständer leihen wollte. Dabei hatte er immer herumposaunt, dass er von Weihnachten und dem ganzen Tam Tam nichts halten würde. Einen weiteren Tannenbaumständer hatte die Familie Krause natürlich nicht parat. So stellte er den Baum in eine Zinkwanne mit Sand und band ihn mit einem Seil an die Wand, was fürchterlich aussah.

Schon wenige Minuten später klingelte er erneut, um sich Baumschmuck zu leihen. Birgits Mutter überließ ihm den restlichen Schmuck, den sie nicht benötigten, sowie ein Pfund gebrauchten Lamettas. Birgit hoffte, dass er nicht noch ein drittes Mal aufkreuzen würde, fläzte sich auf das Sofa und beobachtete ihre Mutter beim Zubereiten des obligatorischen Kartoffelsalates. Der blank gewienerte Kohleofen bullerte und es war wohlig warm in der Wohnküche. Vor dem Ofen stand ein kleiner Hocker, auf den ihre Mutter sich gerade setzte, um das Feuer im Ofen mit dem Schürhaken kräftig durchzustochern.

Birgits Blick blieb an dem Stühlchen hängen. Plötzlich schossen ihr Tränen in die Augen. Dieser Hocker war nämlich kein gewöhnlicher Hocker. Nein, er war einmal ein wunderschönes Schaukelpferd gewesen. Ein Weihnachtsgeschenk für ein kleines Mädchen.

Bis heute ein beliebtes Weihnachtsgeschenk, das Schaukelpferd.

1958 stand es unter dem Weihnachtsbaum, dieses wunderschöne Schaukelpferd. Stolz und erhaben reckte es seinen Kopf in die Höhe und schaute aus tiefschwarzen aufgemalten Augen auf das kleine Mädchen, dessen Geschenk es sein sollte. Die Mähne, viele schwarze Punkte sowie ein rotes Halfter waren auf dem edlen Holz kunstvoll aufgemalt worden. Zwei Haltestangen befanden sich auf beiden Seiten seines Kopfes, etwa in Höhe der Ohren. Der Sitz war aus Birkenholz und rundherum geschlossen, damit Birgit beim Schaukeln ja nicht herausfallen würde. Sie selbst konnte sich an dieses Weihnachtsfest nicht mehr erinnern. Bewusst wahrgenommen hatte sie das Schaukelpferd erst ein Jahr später, zu Weihnachten 1959, im Alter von fast drei Jahren. Ihr wurde erzählt, dass sie das ganze Jahr über täglich stundenlang auf ihrem Pferdchen sitzend herumgeschaukelt hätte und das so heftig, dass sie sich damit sogar durch die ganze Küche fortbewegen konnte. Wollte sie jemand aus dem Sitz des Pferdchens herausnehmen, hätte sie wie wahnsinnig angefangen zu weinen. Das Schaukelpferd war ihre ganz große Liebe.

Als Birgit im Alter von drei Jahren allein herausklettern konnte, band man sie mit einem Ledergeschirr an das Schaukelpferd, um einen Sturz zu vermeiden. Inzwischen war sie kräftiger und schaukelte umso heftiger mit dem Pferdchen – so lange, bis sie eines Tages mit ihm umfiel und eine Beule am Kopf hatte. Das brachte ihren Vater auf die Idee, die Ära Schaukelpferd zu beenden und einen Pferdchensitz aus ihm zu bauen. Er sägte einfach die Kufen ab, und Birgit hatte nun einen Sitz mit Pferdekopf, mit dem sie nicht mehr schaukeln konnte.

Sie schrie wie am Spieß, jedes Mal, wenn sie das geschundene Schaukelpferd anschaute. Sie weigerte sich, sich dort hineinsetzen zu lassen. Die Familie beratschlagte und kam zu dem Entschluss, dass sie, wenn sie sich allein in dieses Stühlchen hineinsetzen könnte, vielleicht zufriedener damit wäre. Also sägte ihr Vater auch noch den Kopf und die vordere Stange ab, sodass das Schaukelpferd nun aussah, wie ein kleiner Lehnstuhl. Als sie den Pferdekopf am Boden liegen sah, weinte sie erneut bitterlich. Tatsächlich setzte sie sich von nun an jedoch allein in den Stuhl, zog ihn überall mit hin. Ihr Opa baute ihr einen kleinen Tisch dazu und sie war glücklich über ihren neuen Platz zum Spielen, Malen und auch Essen.

Als Birgit ungefähr sechs Jahre alt war, meinte ihr Vater, dass sie allmählich zu groß für das Stühlchen sei und sich nicht unbedingt mehr anlehnen müsse. So sägte er die Lehne ab und es war nur noch ein Hocker. Wieder brach sie in Tränen aus, denn für sie war es nun kein Stühlchen mehr. Auch den Tisch mied sie ab sofort, da sie sich mit einem Hocker nicht mehr daran setzen wollte. Aus praktischen Gründen wurde dieser stabile Hocker nicht auch noch verheizt wie die anderen Teile des Schaukelpferdchens. Ihr Vater beizte ihn ab und lackierte ihn neu. Von nun an wurde er als Allzweck-Hocker genutzt, zum Beispiel, um Feuer im Ofen anzumachen oder sich die Schuhe anzuziehen.

Welch ein Irrsinn, dachte Birgit. All die Jahre war es ihr ein treuer Freund gewesen und hat ihr viel Freude bereitet. Wieso hat man es nicht an ein Kind aus ihrer Verwandtschaft weitergegeben, anstatt immer mehr von ihm abzusägen? Zuerst machte man aus ihm ein Pferd, das nicht mehr schaukeln konnte. Dann einen Lehnstuhl, der Kopf wurde im Kohleofen verbrannt. Schlussendlich raubte man ihm auch noch die schützende Lehne und ließ ihn als Hocker weiterleben. Ihre Eltern waren Kannibalen, stellte sie fest.

Was war bei den Krauses nicht schon alles im Ofen gelandet: zuerst Birgits blauer Schnuller, weil sie mit vier Jahren angeblich zu alt dafür war. Zwei Jahre später ihr geliebter Teddy, nur weil er ein paar Flicken an den Armen hatte. Den selbst gestrickten Pulli hatte ihre Mutter ihm vorher ausgezogen, bevor sie ihn in den Ofen stopfte.

Die Türklingel riss Birgit aus ihren trüben Gedanken. Ihre Mutter sprang vom Hocker auf und lief zur Tür. Sicher war es wieder der nervige Nachbar. Was brauchte er denn nun wieder?

Nachdem der Baum geschmückt war, wollte er jetzt sicherlich die Zutaten für einen Kartoffelsalat zusammenschnorren. Birgit griff sich den kleinen Hocker, setzte sich darauf und schloss die Augen. Vielleicht konnte sie noch spüren, wie es sich angefühlt hat, damals, als er noch ein Schaukelpferd war und sie auf ihm saß? Doch außer einer tiefen Traurigkeit fühlte sie nichts. Ihre schwerhörige Oma war gekommen und lamentierte lautstark. Tüten knisterten. Unruhe. Seufzend verzog sie sich ins Wohnzimmer und schaltete den Fernseher ein. Es lief das Märchen „Der Teufel mit den drei goldenen Haaren". Kurz darauf machte es jedoch „Plopp!" und der Bildschirm war schwarz. Stromausfall. Und das am Heiligen Abend!

Die Dämmerung brach gerade herein und hektisch wurden Kerzen aus den Schubladen gekramt. Inzwischen sorgten die Kerzen des Adventskranzes für eine gemütliche Stimmung. Das hatte Birgit gerade noch gefehlt! Wo sie schon so eine schlechte Laune hatte und kein Besuch zu erwarten war, der sie aufheitern würde, musste sie auch noch auf das Fernsehprogramm verzichten!

Ganze vier Stunden hatte die Familie keinen Strom, was wohl an der Baustelle im Badezimmer lag, wie sich später herausstellte. Dank des Kohleofens brauchten sie die Würstchen wenigstens nicht kalt zu essen. Die Wachskerzen am Weihnachtsbaum sahen nie stimmungsvoller aus als bei dieser Fast-Dunkelheit. Endlich hatte man Zeit, sich etwas zu erzählen und vor allen Dingen die Muße zuzuhören. Ihre Oma und ihr Vater erzählten von den Weihnachtsfesten in Ostpreußen, was Birgit sich im Normalfall niemals angehört hätte. Und endlich konnte sie mal loswerden, wie schlimm sie die Sache mit dem Schaukelpferd fand. Mit großen Augen sahen ihre Eltern sie an.

Zu frieren brauchte die Familie ebenfalls nicht, da der große Ofen für wohlige Wärme sorgte. Birgits Kofferradio sendete Weihnachtslieder in das heimische Wohnzimmer, und sie musste zugeben, dass dieser stromlose Heilige Abend gar nicht so schlecht war. Sie hatte etwas daraus gelernt. Nämlich, dass es die schlechten Zeiten waren, die ihre Eltern oft so pragmatisch handeln ließen. Irgendwie tröstete sie das.

Das Huhn Charlotta

Charlotta war ein hellbraunes Haushuhn und wohnte mit seinem Herrchen Fritz in einer alten Zechensiedlung im Ruhrgebiet. Mit vielen anderen Hühnern und einem stolzen Hahn teilte es sich einen geräumigen Stall im Garten hinter dem schmucken Wohnhaus.

Onkel Fritz, Bergmann im Ruhestand, und seine Frau Almuth, Lebensmittelverkäuferin, waren kinderlos. Sie erfreuten sich an den kleinen Nichten Conni und Marlies, die gelegentlich zu Besuch kamen und Haus und Garten auf den Kopf stellten. Die Mädchen, acht und neun Jahre alt, kamen jedoch nicht wegen Onkel und Tante, sondern hauptsächlich wegen der Hühner, die damals, Ende der 60er-Jahre, frei über den Hof laufen durften. Während die Erwachsenen sich bei einer Kaffeerunde austauschten, spielten die Mädchen mit den Hühnern, wobei eins davon es Conni besonders angetan hatte. Schnell merkte sie, dass Charlotta äußerst zutraulich war, ihr ständig hinterherlief und sich sogar streicheln ließ. Brotkanten wurden durch eine Kurbelmaschine gedreht und dienten als Futter für die Hühner, besonders für Charlotta. Von Conni ließ Charlotta sich sogar auf den Schoß nehmen und stundenlang kraulen. Gern hätte das Mädchen das Huhn mit nach Hause genommen, was wegen der Mietwohnung im obersten Stock, die sie bewohnten, jedoch nicht möglich war.

Wenn die Sehnsucht nach Charlotta zu groß wurde, bettelten die Mädchen so lange, bis die Eltern ihnen erlaubten, den

Weg über die Chaussee, wie die Middelicher Straße, die von Erle nach Resse führte, genannt wurde, allein anzutreten.

Fritz sah die große Liebe von Conni zu Charlotta mit gemischten Gefühlen, wusste er doch, dass das Huhn bald im Topf landen würde.

Weihnachten näherte sich. Seit Wochen herrschte eisige Kälte und schon zum ersten Advent war ihnen Schnee beschert worden. Onkel Fritz und Tante Almuth luden die Resser Verwandten am zweiten Feiertag zum Mittagessen ein. Rinderbraten mit Rotkohl und Knödel sollte es geben, als Vorspeise eine gute Hühnersuppe. Almuth hatte fleißig gebacken. Weihnachten wollten sie es sich so richtig gut gehen lassen.

Ein steifer Ostwind verwehte den in der Nacht gefallenen Schnee in alle Richtungen, als die Familie am späten Vormittag losmaschierte, Richtung Erler Norden. Die Sonne schien und das Thermometer zeigte fast zehn Minusgrade. Conni dachte nur an Charlotta. Sie hatte vom Futtermittelhändler für ihre gefiederte Freundin ein Tütchen Gerste gekauft.

Der Weg war beschwerlich. Die Mützen tief ins Gesicht gezogen, die Schale zweimal um den Hals geschlagen, liefen sie mit ihren roten Wintermänteln am Straßenrand der Chaussee entlang, Richtung Zechensiedlung. Endlich hatte die Familie das Haus des Onkels in der Steigerstraße erreicht. Man wünschte sich Frohe Weihnachten, drückte und herzte sich und tauschte Geschenke aus. Almuth hatte für die Mädchen passende Pullover gestrickt, die sie jedoch kaum beachteten. Sie waren aus echter Wolle und furchtbar rau. Connis Einwände, sie möchte doch endlich Charlotta ihr Weihnachtsgeschenk bringen, ignorierten die Erwachsenen. „Später", hieß es.

Schon setzte man sich an den gemütlich gedeckten Esstisch und Tante Almuth trug die Suppe auf. Conni zog ein langes Gesicht. Sie hasste Suppen, insbesondere Hühnersuppe.

„Was ist das für eine Suppe?“, fragte sie skeptisch und starrte auf die gelbe Fettschicht, die obenauf schwamm.

„Das ist eine Hühnersuppe. Pass schön auf, dass du dein Samtkleidchen nicht beschmutzt“, entgegnete die Tante.

„Aber ich mag keine Hühnersuppe“, kam es völlig verzweifelt von Conni. Angewidert rührte sie mit dem Löffel in der Suppe herum, sortierte die Fleischstücke sorgfältig aus und legte sie an den Tellerrand.

„Hier wird gegessen, was auf dem Tisch kommt“, meinte Onkel Fritz. „Wir hätten im Krieg wer weiß was dafür gegeben, solch eine Suppe zu bekommen.“

Ein warnender Blick ihrer Mutter riet Conni dringend, die Suppe zu essen. Conni liefen Tränen die Wangen herunter. Sie fischte sich nur die Möhren und Nudeln heraus und kaute lustlos darauf herum. Das Fleisch rührte sie nicht an.

Die Verwandten kümmerten sich kaum um die Kinder, denn sie hatten sich eine Menge zu erzählen. Einen Tag vor Weihnachten hatte Fritz noch Kohlen bekommen, die er bei dem Wetter in den Keller transportieren musste. Gleich dreimal erzählte er die Geschichte. Zum Rinderbraten, der anschließend serviert wurde, trank man Bier, Wein und einen klaren Schnaps zum Aufwärmen, wie betont wurde, obwohl der große Kohleofen alles gab, um das Zimmer aufzuheizen.

Da die Familie bei Onkel Fritz übernachten sollte, trug man vor dem Kaffeetrinken die Taschen nach oben und bezog das Gästezimmer. So brauchten die vier nicht bei der Eiseskälte am späten Abend nach Hause zu laufen. Endlich konnte Conni ihr blaues Samtkleid aus- und sich den alten Trainingsanzug anziehen.

„Darf ich jetzt in den Stall zu Charlotta?“, fragte das Mädchen aufgeregt ihre Mutter.

„Ja, sicherlich wird Onkel Fritz nichts dagegen haben, wenn du nun Charlotta dein Geschenk bringst!“, meinte die Mutter versöhnlich. Onkel Fritz senkte verlegen den Blick, schüttete sich einen weiteren Klaren in den Hals und tat so, als hätte er nichts gehört.

Conni und ihre Schwester öffneten die Hoftür, nachdem sie sich ihre alten Winterjacken angezogen hatten und stapften durch den Schnee zum Hühnerstall. Vorsichtig öffneten sie die Tür und begrüßten überschwänglich die Hühner, die sofort auseinanderstoben.

„Charlotta? Charlotta, wo bist du?“, rief Conni immer wieder. Charlotta hatte keine Angst vor ihr und wäre niemals in die Ecke gesprungen, war das Mädchen sich sicher. Marlies zählte aufgeregt die Hühner durch und starrte ihre Schwester entsetzt an.

„Charlotta ist nicht mehr da. Wir haben Charlotta heute Mittag gegessen!“

Connis kleines Herz begann zu rasen, sie musste würgen, ihr Magen zog sich immer heftiger zusammen. Sekunden später erbrach sie sich in der Ecke des Stalls. Anschließend setzte sie sich weinend auf den Boden, inmitten des Hühnerdrecks. „Ich habe das Hühnerfleisch nicht gegessen“, schrie sie ihre jüngere Schwester an.

Marlies fing nun auch an zu weinen. „Ich wusste doch nicht, dass es Charlotta war. Außerdem hatte ich Hunger.“

„Ich will sofort nach Hause. Hier bei dem blöden Onkel Fritz bleibe ich nicht länger.“ Connis Entschluss stand fest. Sie verteilte die Gerste an die Hühner und verließ mit ihrer Schwester den Stall.

Zurück an dem heimischen Ofen von Tante und Onkel machte Conni ihrem Ärger Luft, beschimpfte Fritz mit den übelsten Worten. Selbst Connis Vater konnte die Schimpftiraden seiner Tochter nicht stoppen. Nichts, aber auch gar nichts, konnte Conni beruhigen. Weder der Tee mit Honig von Tante Almuth, noch die Schokolade von Onkel Fritz, der wiederholte, dass es doch ganz natürlich sei, zu Weihnachten ein Huhn zu schlachten, schließlich würde er sie doch dafür halten.

„Aber doch nicht Charlotta“, entrüstete sich Conni immer wieder.

„Sie war die Älteste!“, hielt er dagegen.

Schlaflos wälzte sich Conni in der Nacht in dem eiskalten Gästebett des bösen Onkel Fritz. Ein wenig Licht fiel von der Gaslaterne, die vor dem Haus stand, durch das vereiste Fenster. Das bizarre Eisblumenmuster an der Scheibe machte ihr Angst. Ihre Schwester Marlies schlief tief und fest. Diese Verräterin! Sie hat von der Suppe gegessen, dachte Conni wütend. Ihre Mutter und ihr Vater schnarchten in dem Doppelbett um die Wette. Kein Wunder bei so viel Alkohol.

Leise zog Conni sich an und durchsuchte die Hose des Vaters nach dem Haustürschlüssel. Nach Hause! Sie wollte nur nach Hause. Als sie jedoch die Haustür aufschließen und sich auf dem Weg machen wollte, stand plötzlich Onkel Fritz in seinem blau gestreiften Schlafanzug vor ihr. Er hatte Tränen in den Augen. „Ach, Mädchen, es tut mir so leid. Ich hätte ein anderes Huhn nehmen sollen. Verzeih mir!“

Nichts war jedoch mehr wie es war. Die Besuche bei Onkel Fritz und Tante Almuth wurden seltener. Es gab noch viel Hühnernachwuchs, doch so ein zahmes Huhn wie Charlotta war nicht mehr dabei.

In Gedenken an Susi

Jürgen Kowalski hatte Angst vor dem Weihnachtsfest 1976. Am liebsten würde er das Ruhrgebiet verlassen und erst im neuen Jahr, wenn der Alltag wieder eingekehrt war, auftauchen. Doch dazu fehlte ihm die Kraft. Es würde das erste Weihnachtsfest ohne Susi sein. Seine Frau hatte ihn im Juni, kurz nach der Silberhochzeit, verlassen. Magenkrebs. Innerhalb weniger Wochen hatte diese schlimme Krankheit die lebenslustige Powerfrau dahingerafft. Nun war er allein. Die Ehe war kinderlos geblieben, seine Eltern ruhten ebenfalls schon unter der Erde, auf Feld 369, im neueren Teil des Friedhofs.

Zu Weihnachten wollte Jürgen sich aufraffen und Susi auf dem Friedhof besuchen. Der erste Besuch nach der Beerdigung. Würde er es schaffen, mit ihr am Grab Zwiesprache zu halten? Bisher hatte ihn jedes Mal der Mut verlassen, wenn er durch das Friedhofstor schreiten wollte, um den Hauptfriedhof in Buer aufzusuchen. Er brachte es einfach nicht über sich, bekam Schweißausbrüche und Herzrasen.

Am Morgen des ersten Weihnachtstages schien die Sonne. Ein eisig kalter Wintertag. Eine dünne Schneeschicht bedeckte die friedliche Landschaft. Vor dem Tor atmete er tief durch und steuerte den Stichweg zu Susis Grab an. Dann einmal links und den nächsten Weg rechts und er hatte das Feld 125 a, in dem seine Frau ruhte, erreicht. Der Heiligabend war für ihn ein ganz normaler Abend gewesen. Kein Weihnachtsbaum und kein Weihnachtsessen. Jürgen hatte alles Weihnachtliche ignoriert. Er hatte sich eine Linsensuppe aus der Dose warm und es sich vor dem Fernseher gemütlich gemacht. Irgendeine Natursülze aus Alaska hatte er sich angesehen.

Nun stand er vor Susis Grab. Es war mit Tanne abgedeckt. Ein weihnachtliches Gesteck stand nahe an dem Grabstein. Alles war so, wie er es beim Friedhofsgärtner in Auftrag gegeben hatte. „Susanne Kowalski“ stand in güldenen Lettern am hellen Granitgrabstein. Tränen rannen Jürgens Wangen hinunter und tropften auf seine Jacke. „Wie konntest du nur, Susi? Wie konntest du mich nur alleine lassen?“ Er schniefte laut und putzte sich den Rotz am Ärmel ab. „Sich einfach so vom Acker machen. Weißt du, wie schlimm die Abende ohne dich sind? Kaum zum Aushalten, jawohl!“

Jürgen ließ all seinen Frust heraus. Machte seinem Herzen so richtig Luft, heulte, schimpfte, stampfte mit den Füßen auf. Anschließend sprach er ein Gebet, obwohl er nicht gerade als gläubig zu bezeichnen war. Er blickte seufzend in den Himmel, sah den ziehenden Wolken nach und fühlte sich zum ersten Male ein wenig besser. Er fragte sich, wieso er nicht schon eher hergekommen war. Scheinbar tat ihm dieser Besuch an Susis Grab gut.

Als er sich gerade abwenden wollte, nahm er einige Meter weiter eine Gestalt wahr. Er schämte sich plötzlich und fragte sich, was diese Person wohl von seinem Geschimpfe und Geheule mitbekommen hatte. Es handelte sich um eine Dame im hellen Wollmantel, die gerade dabei war, eine

Kerze an einem Grabstein hinzustellen, nachdem sie diese angezündet hatte. Sie blickte zu Jürgen herüber und grüßte freundlich. „Frohe Weihnachten wünsche ich Ihnen!“ Sie lächelte ihn an. Ihr blondes Haar war zu einem schlichten Zopf gebunden. Jürgen schätzte sie auf ungefähr Mitte vierzig. Er blickte in ein angenehmes Gesicht mit blauen Augen. „Ja, das wünsche ich Ihnen auch“, stammelte er verlegen. „Ich habe Sie gar nicht gesehen. Ich hoffe, Sie haben nicht gehört, was ich da alles herausgelassen habe.“

Die nette Frau lächelte nur und zupfte an dem Grab vor ihr herum. „Sie brauchen sich nicht zu schämen. Das ging mir genauso. Was habe ich mit Gregor geschimpft. Geweint, gezetert und was weiß ich noch alles. Doch davon kam er nicht zurück.“ Sie ging auf Jürgen zu. „Ihr erster Besuch seit der Beerdigung?“

„Ja. Merkt man das?“ Jürgen schaute sie verwundert an.

„Irgendwie schon. Mir ging es ähnlich. Doch von Besuch zu Besuch wurde es besser. Jetzt brauche ich diese Friedhofsgänge zur Trauerbewältigung. Auch für mich ist es das erste Weihnachtsfest ohne Gregor.“

„An was ist er gestorben?“

„Herzinfarkt. Gregor war ein Arbeitstier. Und Ihre Frau?“

„Krebs“, antwortete Jürgen mit Tränen in den Augen.

„Auch nicht besser“, meinte die Dame, die sich ihm als Sandra Michels vorstellte.

„Stimmt. Ich bin jedenfalls froh, wenn Weihnachten endlich vorbei ist. Diese ganze Rührseligkeit macht alles nur noch schlimmer. Wir hatten es uns immer so gemütlich gemacht, Susi und ich. Sie liebte Weihnachten und hat schon Wochen vorher unser Haus geschmückt. Aber in diesem Jahr …“

„Mir ist auch nicht nach Weihnachten. Ohne Gregor ist alles so kalt. Aber da sind die Kinder. Einen kleinen Baum habe ich aufgestellt. Unsere Tochter hatte gestern Kartoffelsalat mitgebracht, mein Sohn die Würstchen. Gregor und ich hatten immer Gans gegessen.“ Versonnen blickte Sandra in die Ferne.

„Sie haben immerhin noch ihre Kinder. Ich habe niemanden. Die Linsen aus der Dose gestern haben auch nicht geschmeckt.“

Sandra musste lachen.

Jürgen zog sich den Schal enger um den Hals. „Es ist echt kalt. Vielleicht sollten wir ein paar Meter laufen.“

„Keine schlechte Idee“, meinte Sandra. „Wir könnten uns von unseren Partnern erzählen.“

„Ja, das ist gut“, meinte Jürgen.

Sie schlugen ganz automatisch den Weg Richtung Stadtwald ein. Als würden sie sich schon ewig kennen, erzählten sie sich Anekdoten aus ihrer beider Leben. Beide wohnten in Buer, nur wenige Hundert Meter voneinander entfernt, stellte sich heraus.

Als sie das Forsthaus im Stadtwald passierten, blieb Jürgen plötzlich stehen. „Sie haben mir Appetit gemacht. Die Gans, von der Sie erzählten, geht mir nicht mehr aus dem Kopf. Seit Susi tot ist, habe ich auf nichts mehr Appetit gehabt. Was werden Sie heute Mittag essen?“

„Brot mit Wurst. Ich habe die Einladung meiner Kinder abgelehnt. Habe ihnen erzählt, ich müsse heute mal meine Ruhe haben. Ich will ihnen nicht dauernd die Ohren volljammern. Dabei wird mir schlecht vor Angst, wenn ich daran denke, gleich in mein einsames Haus zu müssen.“ Sandras

Blick streifte die jungen Schlittschuhläufer, die auf dem zugefrorenen Teich ihre Runden drehten. Wie unbeschwert sie noch waren.

„Denken Sie jetzt bitte nicht, ich wäre aufdringlich. Aber was halten Sie davon, wenn wir zusammen essen gehen würden? Ganz ohne Verpflichtungen, jeder zahlt für sich."

Sandra schaute Jürgen an und sagte spontan zu. „Wieso nicht? Spricht doch nichts dagegen. Wie finden Sie das Lokal Reul in Westerholt? Das heißt, wenn wir dort noch einen Tisch bekommen."

„Versuchen wir es. Zu Fuß oder mit dem Auto?"

„Von mir aus gerne zu Fuß", meinte Sandra. „Sind doch höchstens drei Kilometer. Oder haben Sie heute noch etwas vor?"

„Schön wäre es", meinte Jürgen seufzend.

Sie beschlossen, ihre PKW auf dem Friedhofsparkplatz stehen zu lassen und über die Felder zu Fuß zum alten Dorf Westerholt zu laufen. Und so geschah es. Ein kleiner Ecktisch, wie für die beiden geschaffen, war in dem weihnachtlich geschmückten Gastraum noch frei. Sie bestellten sich Gänsekeulen, dazu jeder ein Viertel Wein, den sie auf ihre verstorbenen Partner tranken. Zum ersten Male spürte Jürgen wieder seine Geschmacksknospen, genoss das herrliche Fleisch, samt Beilagen, sowie den köstlichen Wein. Sandra und Jürgen schwelgten in Erinnerungen an Susi und Gregor und beschlossen, sich im nächsten Jahr wieder in diesem wunderschönen Lokal zu einem Susi-und-Gregor-Gedenkessen zu treffen.

Und immer noch führt die beiden inzwischen alten Leute der Weg am ersten Weihnachtstag nach Reul in Westerholt. Ihre

Autos haben sie gegen AOK-Chopper getauscht und lassen sich mit dem Taxi bringen. Doch Gans schmeckt ihnen nach wie vor.

Die Sehnsucht nach zu Hause

Das erste Türchen des Adventskalenders wird geöffnet, doch seitdem wollen die Tage einfach nicht vergehen. Weihnachten scheint unendlich fern. Werden die Ungeduld und die Lust auf Süßes zu groß, öffnet man weitere Türen des Kalenders, entnimmt die Schokolade und verschließt die Papptüren wieder unauffällig. Das verkürzt die Zeit jedoch nicht wirklich. Die Uhren ticken stetig langsamer.

An die Weihnachtszeit im Jahre 1972 kann ich mich noch gut erinnern. Fünfzehn Jahre war ich alt, befand mich im zweiten Ausbildungsjahr zur Bürokauffrau und hatte den Kopf voller Wünsche und Träume. Obwohl ich damals dachte, dem Christkind-Tam-Tam schon entwachsen zu sein, wurde ich in der Weihnachtszeit manches Mal wieder zum ungeduldigen Kind. Meine Wünsche beschränkten sich auf Bekleidung. Vielleicht mal ein außergewöhnliches Teil, mit dem man die Freundinnen beeindrucken konnte?

Einen schönen Winterpullover, so wie ihn meine Kollegin besaß, die von ihren tollen Urlauben im Schnee schwärmte. Schlug ich meinen Eltern vor, auch mal im Winter zu verreisen, hielten sie dagegen, dass ein zweiter Urlaub im Jahr viel zu teuer sei. Ich möge froh sein, jeden Sommer verreisen zu können. Außerdem bräuchte man im Winter entsprechende schneetaugliche Kleidung, und die würde viel Geld kosten. Ich ließ aber nicht locker, wusste ich doch, wie ich meinen reisefreudigen Vater – einen großen Sauerlandfan – für eine Winterreise begeistern konnte. Ich schleppte bunte Prospekte aus unserem Reisebüro in Buer heran, erzählte von den Urlaubsfreuden meiner Kollegin. Irgendwann meinte er, dass es vielleicht keine schlechte Idee sei, mal zu Weihnachten ein paar Tage zu verreisen. Die Alpen und ein tolles Skigebiet könne ich mir allerdings abschminken. Wenn überhaupt verreisen, dann – wie könnte es anders sein – ins Hochsauerland und zwar dahin, wo wir die meisten Sommerurlaube verbrachten, nach Rehsiepen. Meine Mutter brach nicht gerade in Jubel aus, stimmte aber schließlich zu.

Ich war hin- und hergerissen. Einerseits war ich enttäuscht, weil wir nicht in ein richtiges Skigebiet fuhren, dorthin, wo etwas los war. Anderseits war ich einfach erleichtert, in diesem Jahr an den Festtagen einmal meine Ruhe zu haben. Kein lästiger Kirchgang mit meiner Oma am Heiligen Abend. Kein Herumlungern zwischen schniefenden und hustenden Menschen, um anschließend um den Tannenbaum zu hocken und so zu tun, als freue man sich über jedes noch so unpassende Geschenk. Kein Kartoffelsalat mit Würstchen, der nachts wie ein Stein im Magen liegen würde. Nicht zu vergessen die Unmengen an Süßigkeiten. Keine lästigen Verwandtenbesuche an den Feiertagen, einschließlich sinnloser Völlerei, kreischender Kleinkinder, nerviger Tanten, Onkel, die stets die gleichen Anekdoten erzählten. Keine Langeweile vor dem TV, um sich angebliche Weihnachts-Highlights reinzuziehen. Wir würden also am ersten Feiertag in den Winterurlaub starten, welch herrliche Aussicht!

Was die Bekleidung anbelangte, so musste improvisiert werden. Neu angeschafft wurden nur Mütze und Schal sowie eine weitere Lastexhose. Die war ab 1967 der letzte Modeschrei. Den Heiligen Abend verbrachten wir ohne Weihnachtsbaum, da mein Vater nicht gewillt war, für einen Abend fünf Mark für eine Fichte auszugeben. So gab es außer Koffer packen am Heiligen Abend nichts weiter zu tun. Die Kartoffelsalatorgie mit Oma und Co. fiel aus. Oma war beleidigt, sprach kein Wort mit uns und ging nach einer halben Stunde wieder nach Hause. Kein Kirchgang, kein bunter Teller, die Freude auf die Urlaubsfahrt war, um ehrlich zu sein, ein wenig getrübt.

Am ersten Weihnachtstag schneite es sich so richtig ein, je näher wir dem Hochsauerland kamen. Dass wir es mit unserem Kadett B, der nur mit Sommerreifen ausgestattet war, überhaupt bis in dieses kleine Nest unweit von Winterberg geschafft haben, erscheint mir heute wie ein Wunder. Mein Vater war einem Herzinfarkt nahe, als wir die 160 Kilometer über schlecht geräumte Straßen nach drei Stunden endlich geschafft hatten.

Über dem im Sommer reizenden 100-Seelen-Örtchen Rehsiepen lag nicht nur eine dicke Schneedecke, sondern auch eine Totenstille, die mich ängstigte. Nichts mit weihnachtlicher Geschäftigkeit, lebhaften Stimmen und verführerischen Düften. Kaum etwas erinnerte mich an Festtagsvergnügen, als wir die Pension gegen Mittag betraten. Die Betriebsamkeit des Sommers, dieses bunte Leben und Treiben, war einer Trauerstimmung gewichen. Im Aufenthaltsraum stand ein kleines Weihnachtsbäumchen für die wenigen Gäste der Pension. Nur ältere allein reisende Leute, die Weihnachten nicht einsam zu Hause verbringen wollten, saßen herum, erzählten von ihren Krankheiten, zogen Pullover und Hosenbeine hoch und bestaunten gegenseitig ihre Narben. Nirgendwo war jemand in meinem Alter. Die Töchter der Wirtsfamilie waren verreist. Selbst der Kamin, der eigens für die Gäste angeheizt wurde, erzeugte keine wohlige Wärme in mir. Nach einem Mittagsnickerchen wird es besser werden, sagte ich mir. Du bist nur müde.

Mein Zimmer, das nach hinten heraus lag, war jedoch kaum beheizt und durch den Schnee, der fast bis an die Fensterbank reichte, da das Haus am Hang gebaut war, wirkte alles Grau in Grau. TV und Dusche auf dem Zimmer gab es damals noch nicht, jedenfalls nicht für 15 Mark, einschließlich Vollpension. So kroch ich unter die Bettdecke und las. Schöner Winterurlaub!

Den Abend verbrachten wir – draußen herrschte starkes Schneetreiben – in dem Aufenthaltsraum, wo heftige Uneinigkeit über das Fernsehprogramm herrschte. Steif auf einem Stuhl sitzend, machte ich meinem Vater den Vorschlag, am nächsten Tag mal nach Winterberg zu fahren, um dort ein wenig Winterurlaubsluft zu schnuppern oder vielleicht mal einen Schlitten zu mieten. Die Skilifte dort seien in Betrieb, erzählte uns die Pensionswirtin. Mein Vater zeigte mir einen Vogel und meinte, dass das Auto bei den chaotischen Straßen- und Wetterverhältnissen die ganze Woche nicht angerührt werden würde. Außerdem wäre ich aus dem Rodelalter heraus. Ich möge mich an der herrlichen Landschaft erfreuen und eine Wanderung unternehmen. Doch mit wem? Tolle Aussichten! Weihnachten in der Einsamkeit.

Einige Wege waren geräumt, und meine Eltern brachen am zweiten Feiertag zu einer Wanderung auf. Es hatte aufgehört zu schneien, und die Sonne schien. Trotzdem hatte man den Eindruck, das zugeschneite Dorf, das kitschig schön aussah, sei evakuiert worden. Da ich keine Lust auf eine Mama/Papa-Wanderung hatte, zog ich allein los. Ich schlug den Weg Richtung Forsthaus ein. Vorbei an einzelnen Häusern, später an zugeschneiten Wiesen, die rechts und links von glitzernden Tannen umrahmt waren. Natur pur, jedoch für mich recht einsam. Schwer auszuhalten, dass nur ein paar Kilometer weiter in Winterberg die Urlaubsfreuden lockten. Während des Mittagessens wurden die Schuhe und Stiefel zum Trocknen an den Kamin gestellt. Stiefel zum Wechseln, so wie es heute üblich ist, gab es damals nicht.

Ich gewöhnte mich so langsam an das Nichtstun und an die Ruhe, obwohl ich schon gern jemanden in meinem Alter zum Zeitvertreib gehabt hätte, schließlich lagen noch fünf Tage vor mir.

Am Tag nach Weihnachten brach sich ein Pensionsgast – eine alte Dame – den Fuß, direkt vor dem Haus. Ein Krankenwagen beendete ihren Winterurlaub und brachte sie ins Krankenhaus nach Fredeburg. Beim Abendessen saß ihr Mann heulend am Tisch und jammerte, dass es ihm bei den Wetterverhältnissen kaum möglich sei, sie zu besuchen. Das hatte mir gerade noch gefehlt!

Zu den allabendlichen Streitereien um die drei TV-Programme und das nicht enden wollende Angeben, wer denn die meisten und schlimmsten Krankheiten hinter sich gebracht hatte, kam nun noch das Gejammer dieses Opis. Auch meine Eltern hatten so langsam genug vom Winterurlaub, vermissten sie doch die Bequemlichkeiten ihrer Wohnung.

Als ich fast in Tränen ausgebrochen wäre, fragte mich die Pensionswirtin, ob ich nicht am nächsten Tag ihrem Neffen bei der Wildfütterung helfen wollte. Das hätten sonst immer ihre Töchter gemacht, doch die seien ja verreist. Etwas skep-

In dem kleinen Ort Rehsiepen im Sauererland verbrachte die Familie ihren ersten Weihnachtsurlaub. Auf dem Foto von 1974 ist das romantische Forsthaus Rehsiepen zu sehen.

tisch sagte ich zu und begutachtete am nächsten Tag den achtzehnjährigen blonden Jungen, als er mit dem Trecker vorgefahren kam. Meinem Vater passte es gar nicht in den Kram, als ich mit einem etwas mulmigen Gefühl zu ihm auf den Traktor stieg und wir davonratterten. Er witterte sicherlich wieder allerhand Gefahren, denen ich in den nächsten Stunden ausgesetzt sein könnte. Eine Vergewaltigung zum Beispiel im tief verschneiten Winterwald bei fünf Grad Minus oder eine tödliche Verletzung durch einen aggressiven Keiler. Seiner Fantasie waren da keine Grenzen gesetzt.

Der Förstersohn Michael war äußerst wortkarg, und ich war überzeugt, dass er mich nur mitgenommen hatte, weil seine Tante es von ihm verlangt hatte. Und was eine Vergewaltigung anbelangte, so hatte er sicherlich mehr Angst vor mir, als ich vor ihm. Er sah zum Anbeißen aus mit seinen blauen Augen und den blonden Ponyfransen, die aus der Mütze hervorlugten.

Die restlichen Meter mussten wir, jeder mit zwei Eimern Futter bewaffnet, durch den kniehohen Schnee bis zur Futterstelle stapfen. Michael erklärte mir, warum und was genau gefüttert wurde. Auch über die Unterschiede zwischen Rot-, Reh- und Schalenwild erfuhr ich viel. Alles äußerst interessant. Wenn mir jedoch jemand vor einer Woche erzählt hätte, dass ich, anstatt zum Tanzen zu gehen, Rehe füttern würde, den hätte ich für verrückt erklärt. Wir hatten kaum wieder den Traktor erreicht, da kamen die Tiere, wie verabredet, aus dem Wald und näherten sich vorsichtig und fast geräuschlos der Futterkrippe. Für mich war das ein einmaliger Anblick. Es war jedoch wohl eher dieser knackige Junge neben mir, der mein Herz höherschlagen ließ, als die anmutigen Tiere im verschneiten Wald. Diese tägliche Fütterung durfte ich noch dreimal erleben. Ich freute mich während meiner einsamen Wanderungen schon den ganzen Tag darauf.

Trotz allem war ich froh, als wir nach einer Woche wieder heimwärts fuhren. Es war kein neuer Schnee gefallen, und die Fahrt verlief reibungslos. Obwohl dieses Tal ein echtes Wintermärchen war, hatte ich mir einen Urlaub im Schnee ganz anders vorgestellt.

Als wir im Ruhrgebiet in unsere graue triste Zechensiedlung einbogen, war ich glücklich. Bei uns lag natürlich kein Schnee, aber das war mir egal. Ich schob mir, kaum, dass ich in unserer Wohnung war, zwei Sessel im Wohnzimmer zusammen und machte es mir vor dem Fernseher gemütlich. Lange genug hatte ich, steif auf einen Stuhl sitzend, fernsehen müssen. Zum Glück hatte meine Oma schon den Ofen angeheizt, und es war wohlig warm. Einen Kuchen hatte sie uns auch mitgebracht. Sie war glücklich, dass wir wieder da waren. Nie wieder würde ich über spießige Heiligabendrituale meckern, nahm ich mir vor. Im nächsten Jahr würde ich lieb und nett zu unserer Verwandtschaft sein und kein krummes Gesicht ziehen, wenn ein Geschenk mal völlig daneben war. Und wenn's denn unbedingt sein musste, würde ich wieder mit meiner Oma am Heiligen Abend in die Kirche gehen.

Meinen Freundinnen habe ich von meinem ach so tollen Winterurlaub vorgeschwärmt. Ich habe gelogen, dass sich die Balken bogen. Habe ordentlich auf den Putz gehauen, erzählt, was in dem Ort, in dem wir wohnten, alles abging. Aus den Wildfütterungen mit dem Förstersohn Michael wurden romantische Treffen im einsamen Wald. Ich ließ meiner Fantasie freien Lauf und erfand Dinge, von denen ich nur geträumt hatte: Rodelpartien mit Michael, Abende mit ihm an der Hotelbar, seine nächtlichen Besuche in meinem Zimmer. Staunend, mit offenen Mündern und roten Wangen, hörten sie mir neidvoll zu, und ich hoffte, der stille Michael möge mir meine Lügen verzeihen.

Das Grubenpferd Anni

Es war im Jahre 1953. Ein strenger Winter hatte das Ruhrgebiet fest im Griff. Anton Kazmareck, Steiger auf der Zeche Bergmannsglück in Gelsenkirchen, fuhr am Heiligen Abend mit seinem zehnjährigen Sohn Manfred gegen 16 Uhr ins Bergwerk ein. Der Baum war eingestielt und geschmückt. Seine Guste hatte den Gänsebraten fertig. Alles könnte so schön sein. Er hätte in seinem Sessel vor dem Radio sitzen können. Hätte er doch bloß Manfred nicht von Anni, dem kranken Grubenpferd, erzählt. Sie litt seit einigen Tagen an Rotz, einer Pferdeerkrankung, die die oberen Atemwege befiel und zu eitrigen Prozessen führte. Der Tierarzt war gestern da gewesen und hatte ihr eine Spritze gegeben. Nun ließ der Junge natürlich keine Ruhe, wollte dem Pferd zu Weihnachten unbedingt eine Stärkung bringen.

In warme Winterkleidung gehüllt, gingen Vater und Sohn die Hauptstrecke entlang. Da zu den Feiertagen die Arbeit unter Tage ruhte, war es sehr schummerig. Die Schienen waren kaum sichtbar, da nicht jede Lampe brannte. An den Seiten konnte man schemenhaft die dicken, mit Kalk bespritzten

Kumpel mit Grubenpferd in der Zeche Hugo in Gelsenkirchen.

Grubenstempel, die die Firste und Stöße stützten, erahnen. Ängstlich blickte Manfred in die Nebenstollen und die kleinen Schächte und drückte fest die Hand des Vaters. Alles war ruhig. Hier arbeitete sein Vater tagtäglich? Für ihn unbegreiflich, jeden Tag in die Grube einzufahren. Er wollte später einmal Tierarzt werden.

Der Stollen war unendlich lang und schien kein Ende zu nehmen. Manfreds Beine wurden müde. Endlich erreichten sie die Kohlenflöze. Irgendwann bogen sie von der Strecke rechts ein. Dieser Blindschacht führte sie zum Grubenstall.

Anton fluchte, dass er sich zu dieser Aktion hatte überreden lassen. Wie gemütlich könnte er es jetzt zu Hause haben. Der Stollen war schmal und total dunkel. Licht bekamen sie nur von ihren eigenen Lampen.

„Aber Papa, man muss doch auch mal was Gutes tun", kommentierte Manfred die Flüche seines Vaters.

„Ich tue jeden Tag Gutes, mein Sohn. Schufte wie ein Irrer für meine Familie und dann krauche ich noch am Heiligen Abend hier unten herum. Hätte ich dir doch bloß nichts von Anni erzählt. Wahrscheinlich geht es ihr schon wieder besser."

Endlich hatten sie den Stall erreicht. Unter dem Sturzboden brannte eine jämmerliche Glühbirne und gab Anni ein wenig Licht. Vater und Sohn schlossen die Stalltüre des Kranken-Pferdestalls hinter sich.

Alles war wie immer. Das Pferdegeschirr hing an der Wand und auch die Futterkrippe stand, wo sie sich immer befand. Die Stute Anni schaute die beiden mit neugierigen Augen an. Wie zum Gruße neigte sie den Kopf, als freue sie sich über die Gesellschaft. Ganz ruhig stand sie da. Beruhigt stellte Anton fest, dass es ihr wohl besser ging und die Erkältung fast abgeklungen war. Er war froh, dass Semmel und Max, die sich nebenan im Stall aufhielten, sich nicht angesteckt hatten. Auch in dem Stall der beiden Kaltblüter brannte nur eine mickrige Deckenlampe. Man musste die Pferde trennen, da Rotz sich unter Pferden unheimlich schnell verbreitete, wusste er. Und wenn gleich drei Pferde ausfallen würden, wäre das ein großer finanzieller Verlust.

„Arme Anni! Wieso muss sie Weihnachten hier unten bleiben? So ganz allein. Warum holt man sie nicht rauf? Wo sie doch krank ist." Manfred war entsetzt, streichelte immer wieder den Kopf des weiß gesprenkelten Tieres.

„Ganz allein ist sie nicht. Semmel und Max sind doch gleich in der Nähe. Außerdem wäre es viel zu viel Mühe, die Pferde für die paar Tage nach oben zu holen. Welcher Bauer würde sie aufnehmen? Wo Anni krank ist, ist sie hier unten besser aufgehoben."

Anton überlegte, ob er wirklich meinte, was er sagte, oder ob er den Jungen nur beruhigen wollte. „Die Pferde kommen erst ans Tageslicht, wenn sie in Rente gehen. Und dann sind sie meistens blind und sehen oben sowieso nichts mehr."

„Wie traurig." Manfred hatte Tränen in den Augen.

„Wir brauchen die Pferde für die harte Arbeit. Sie können zehn Loren ziehen, während ein Bergmann nur eine schafft. Die meisten Pferde haben es hier unten besser als bei so manchem Bauer. Das kannst du mir glauben!"

„Trotzdem gemein."

„Das kapierst du jetzt nicht. Vielleicht später. Früher, im Jahre 1914, waren hier 80 Pferde im Einsatz. Nun haben wir nur noch die drei."

Vertrauensvoll schaute Anni auf die Möhren in dem Eimer und begann zu fressen, was bei ihrer Krankheit ein gutes Zeichen war. Einen Kanten Brot hatten sie ihr auch noch mitgebracht. Die beiden Kaltblüter nebenan bekamen ebenfalls eine Weihnachtsration, obwohl der Pferdepfleger fast täglich einfuhr und die Pferde versorgte.

Anton setzte sich ins Stroh. Er beobachtete seinen Sohn, wie liebevoll er mit dem Tier umging. Plötzlich fühlte er, dass es richtig war, einzufahren, um am Heiligen Abend nach Anni zu sehen. Ihre Erkältung war abgeklungen, die Nüstern fast trocken und das freute ihn. Noch viel mehr natürlich seinen Sohn.

Zum Abschied umfasste Manfred den Hals der Stute und lehnte die Stirn an ihren Nacken. Zärtliche Worte flüsterte er ihr zu. Anni leckte liebevoll seine kleine Hand. Zum Schluss gab es ein paar Streicheleinheiten für die Grubenkatzen Felix und Minka, die faul im Stroh lagen und sich einen Teufel um die Mäuse kümmerten, die sie fangen sollten.

Eisige Kälte kroch durch die Gänge, als Anton und Manfred den Stall verließen und sich auf den Rückweg machten. Es wurde Zeit, dass sie ausfuhren, bevor sie sich auch noch erkälteten. Außerdem warteten zu Hause die Mutter und die beiden kleinen Schwestern. Sie hatten es jedoch nicht weit, wohnten gleich gegenüber der beiden Torhäuser der Zeche Bergmannsglück.

„Es geht das Gerücht um, dass im nächsten Jahr die Grubenpferde abgeschafft werden sollen. Hoffen wir für Anni und die beiden anderen Pferde, dass sie dann eine schöne Stelle finden, wo sie ihr Gnadenbrot erhalten", meinte Anton und strich seinem Jungen über den Blondschopf.

Und so war es auch. Anni kam bei einem Bauern in der Nähe unter und Manfred besuchte sie, sooft er konnte. Zum Glück war sie nicht blind geworden und erfreute sich noch einige Jahre ihres Lebens.

Goldene Hochzeit am ersten Weihnachtstag

Regina stapfte durch den knöcheltiefen Schnee. Ihre Beine steckten in Seidentrümpfen und waren eiskalt. Sie befand sich mit ihren Eltern auf dem Weg zu den Großeltern, die nur ein paar Häuser weiter wohnten, um deren goldene Hochzeit zu feiern. Weihnachten war somit zweitrangig.

Regina musste schmunzeln, wenn sie an die letzten Tage dachte. Hektik pur. Ihr fiel die Kochaktion vorgestern in Omas Waschküche ein. Ihre Mutter hatte sie mit einem Blick angesehen, der sie zum sofortigen Verschwinden aufforderte. Ihre große Brille, mit dem dunkelbraunen, im Jahre 1970 topmodischen Gestell, war beschlagen und ihre dauergewellten Haare sahen von der feuchten Luft erbärmlich aus. Mutter rührte in einem großen Topf, während Reginas Oma in einem noch größeren mühsam versuchte, ihre drei Rollbraten zu wenden. Oma hatte ein buntes Kopftuch stramm um ihre kunstvolle Frisur gebunden. Der Schweiß tropfte ihr vom Gesicht. Sie öffnete verzweifelt die Ofentür des alten großen Küchenofens, um Kohlen nachzuschütten und ihn noch einmal ordentlich anzuheizen. Die Flammen loderten allerdings sehr kräftig und es schlug eine Hitze aus dem Ofen, dass ihre Oma laut aufstöhnend einen Schritt zurück gemacht hatte. Gebacken worden war schon einen Tag zuvor. Natürlich auch im Keller, da machte es nicht so viel Dreck. Opa und Onkel waren währenddessen dabei, oben in der Wohnung das Wohnzimmer auszuräumen, um eine lange Tafel in dem

In diesem Haus in der Alleestraße in Gelsenkirchen, hier ein aktuelles Foto, feierten die Großeltern ausgerechnet am 1. Weihnachtsfeiertag 1971 ihre goldene Hochzeit.

nicht sehr großen Raum aufzubauen. Reginas Tanten waren die Einzigen, die gelegentlich schmunzelten.

Regina konnte das alles schwer verstehen. Für wen schufteten sich diese Frauen so ab? Allein drei große Rollbraten! Sie zählte die Personen, die an diesem großen Jubeltag am ersten Weihnachtstag zusammenkommen würden und kam auf 13. Für die paar Menschen machte man so einen Aufstand, bescherte sich schlaflose Nächte und Stress pur?

Heute war nun der große Tag. Irgendwie hatte man den Heiligen Abend gar nicht so richtig genießen können, da man gespannt auf die goldene Hochzeit war. Reginas Vater hatte sich toll in Schale geschmissen und den allerbesten Anzug aus dem Schrank geholt, wogegen ihre Mutter in ihrem Blümchenkleid eher bescheiden aussah. Dazu trug der Vater – wohl aus Protest – eine rote Krawatte mit passendem Einstecktuch, schließlich war Weihnachten. Seine Anzughose war bis zu den Waden nass. Wenig später, als alle an der Kaffeetafel saßen, zog er ein Gesicht, als befände er sich auf einer Beerdigung. Stocksteif wartete er, was nun geschehen würde.

Das beste Geschirr stand auf dem festlich gedeckten Tisch, das cremefarbene mit dem Goldrand, das für besondere Anlässe. Das Tafelsilber hatte seinen Auftritt und die silbernen Väschen, passend zu dem Kerzenständer, waren gefüllt mit Nelken und Spargelgrün. Die besten Servietten, die Karstadt im Sortiment hatte, lagen kompliziert gefaltet auf jedem Teller. Zwei der Torten standen schon auf dem Tisch und die dritte wurde gerade von Oma hereingetragen. Sie war sehr angespannt und hatte einen hochroten Kopf. Regina hatte den Gedanken „Hoffentlich lässt sie die Torte nicht wieder fallen“ kaum zu Ende gedacht, da rutschte das gute Stück schön langsam von der Tortenplatte und landete mit einem „Flattsch“ auf dem Boden. Oma hatte weit aufgerissene Augen, die mit Tränen gefüllt waren, und ihre Hände zitterten. Außer Regina und ihrem jüngeren Cousin Maik – der, der ihrem Opa früher öfters von hinten eins mit der kleinen Kohlenschaufel über den Kopf gezogen hatte, wenn dieser sich bückte, um den Ofen zu versorgen – getraute sich niemand im Raum zu lachen. Wieselflink stürzten ihre Tanten zur Unglücksstelle, um den Schaden zu beseitigen. Für Oma war der große Ehrentag damit gelaufen.

Als endlich alle ihren Kaffee eingeschenkt bekommen hatten, knurrte Reginas Magen schon vor Hunger, da es nämlich zu Hause nie Mittagessen gab, wenn sie zu einer Feier geladen waren. Kein Weihnachtsbraten, nichts. Es herrschte eisiges Schweigen, keiner sprach während des Kaffeetrinkens ein Wort und sogar das Tonbandgerät, welches auf dem Sideboard zurechtgestellt worden war, um mit ein wenig musikalischer Untermalung eine bessere Stimmung zu zaubern, blieb stumm. Man konnte sogar die Kerzen in dem wunderschönen Kerzenständer brennen hören, so still war es im Raum. Den kleinen Tannenbaum in der Ecke beachtete niemand. Weihnachten war zur Nebensache geworden. Auf ihr Weihnachtsgeschenk wartete Regina vergeblich.

Sie saß neben ihrem Vater. Rechts von ihr saß ihr Bruder mit seiner Freundin. Diese trug ein kurzes rotes Kostümchen, und weil es gerade modern war, einen Pullover darunter, mit einem halsfernen Rollkragen. Reginas sonst nicht auf den Mund gefallener Bruder, ebenfalls sehr modisch herausgeputzt, war verstimmt, weil ihr Onkel seinen tollen Bart als Gestrüpp bezeichnet hatte. Na ja, wer im Glashaus sitzt, sollte eigentlich nicht mit Steinen werfen.

Der Opa saß am Kopf der Tafel neben ihrer völlig verzweifelten Oma. Er grinste freundlich, so wie er eigentlich ständig aus purer Verlegenheit grinste. Sein haarloser Kopf glänzte. Er war an dem Tag besonders schick angezogen. In den 50 Ehejahren – wofür er eigentlich hätte das Bundesverdienstkreuz bekommen müssen – hatte er gelernt zu gehorchen und zu allem *Ja* und *Amen* zu sagen. Das Aufbegehren war ihm zu anstrengend geworden, da er gegen Oma eh nicht ankam. Regina mochte ihn, denn er war ein lieber Kerl, der sich schon über ein kleines Schnäpschen – und sei es nur verdünnt und mit Pfeffer gestreckt – freuen konnte wie ein kleines Kind.

An der Tischseite ihr gegenüber saß ganz vorn ihre herzliche Tante mit besagtem Mann. Gleich daneben ihre andere Tante mit ihrem Gatten. Daneben saß deren Nachkomme, ihr lieber Cousin Maik. Ungehemmt schaufelte er sich den Kuchen hinein. Er war mit seinen acht Jahren noch nicht einmal in der Lage mit einer Kuchengabel zu essen und benutzte einen kleinen Löffel. Damit auch ja kein Krümel danebenging, kroch er mit seinen Mund ganz nah an den Teller heran. Nach dem zweiten Kuchenstück öffnete er den Gürtel seiner kleinen Anzughose. Dieser Anzug war eigens für diesen Anlass angeschafft worden, um Oma zu erfreuen. Wie er trank, schockte Regina noch mehr. Er ließ die Tasse auf dem Tisch stehen, neigte seinen Kopf zu dieser und setzte den Mund an den Rand, um sie ganz vorsichtig nach vorn zu kippen. Die Schlürfgeräusche, die er dabei machte, waren nicht zu verachten. Gleich daneben saß Reginas andere Oma, die Mutter ihres Vaters, die man, weil sie eine einsame Witwe war, gleich mit eingeladen hatte. „Nicht Tante Erna, schön ist es imma bei uns, näh?“, fragte ihre Tante. Ja, und daneben, am schlechtesten Platz überhaupt, hatte man ihre Mutter platziert. Für diese Tischordnung hatte man entsprechende Kärtchen geschrieben.

Es schien Leben in die Runde zu kommen, denn das Wort *Pastor* war gefallen. Wenn die Frauen der Familie das Wort *Pastor* hörten, flippten sie regelrecht aus, vergaßen alle Hemmungen, bekamen leuchtende Augen und rosige Wangen. Alle redeten plötzlich gleichzeitig und ließen ihre bisher zurückgehaltenen Worte nur so aus den Lippen fallen. Der Pastor war am Morgen da gewesen. Und das am ersten Weihnachtstag! Der Tag war gerettet! Reginas Mutter, bisher beleidigt und schweigsam wie ein Grab, wollte plötzlich genau wissen, was er gesagt hätte, wie lange er geblieben wäre, welches Lied er mit ihren Großeltern gesungen und ob er auch ein Gebet gesprochen hätte. Daraufhin sprang ihre jüngere Tante auf, um die mitgebrachten Hefte und Kärtchen freudig erregt zu präsentieren. Sogar ihre Oma vergaß den Vorfall mit der Torte für einen Moment und freute sich wie ein Kind, wühlte mit in den besagten Schriften, und alle redeten durcheinander, als hätten sie irgendein Aufputschmittel genommen. Der Pastor brachte Gesprächsstoff für mindestens eine halbe Stunde. Bestimmt hatte er wieder ein Scheinchen von ihrer Oma bekommen, dachte Regina, um irgendein Loch zu stopfen, wie sie so schön zu sagen pflegte. Doch wer stopfte Reginas Löcher? Als arme Schülerin im letzten Schuljahr herrschte bei ihr ständig Geldknappheit.

Endlich durfte ihr Opa die Schnapsflasche, die extra zu seinem Ehrentag gekauft worden war, auf den Tisch stellen und seinen Schwiegersöhnen davon einschütten. Regina hoffte, der Alkohol würde ihren Vater in bessere Stimmung bringen. Sie bekam einen Eierlikör, die Frauen Wein und ihr Bruder Cola. Man hatte extra Cola besorgt und erwähnte das an diesem Nachmittag mindestens fünfundzwanzig Mal. Cola! Zum ersten Mal, wir schreiben das Jahr 1971, kam in Omas Haushalt Cola auf den Tisch! Sie konnte es nicht mehr hören. Nachdem der Kuchen abgeräumt war, wurden Knabbereien in Hülle und Fülle aufgefahren. Von Erdnüssen, über Pralinen bis hin zu den Goldfischlis, war alles zu haben. Ein wahres Fest für Regina!

Gegen achtzehn Uhr verebbte plötzlich der Gesprächsstoff. Das Thema Pastor war durch, Cola und Wetter auch und man erinnerte sich im Stillen wieder an irgendeinen bösen Streit, und jeder ließ für sich die letzten Jahren Revue pas-

Es sollte ein schönes Familienfest werden, Weihnachten 1971.

sieren. Keiner traute sich ein paar versöhnende Worte zu sprechen, so nach dem Motto: „Das Leben ist so kurz, lasst uns alles vergessen, was war." Nichts! Jeder schwieg wieder vor sich hin. Ihr Vater und der Opa mit inzwischen glasigen Augen, die anderen mit Pralinen und Nüssen im Mund oder Cola trinkend. Ihr Opa sagte hin und wieder: „Ja, Ja" und ihre Oma, die Witwe, erwiderte mit gefalteten Händen und Kopf nickend: „So ist es!"

Als es nicht mehr auszuhalten war, befahl Oma das Abendessen aufzufahren. Reginas Tanten banden sich alberne gestärkte Baumwollschürzen um. Kichernd verschwanden sie in der Küche. Ihre Mutter durfte nicht mit. Mit einem „Ach, lass mal“, forderte man sie auf, am Tisch sitzen zu bleiben. Regina wusste schon, was zu Hause in den nächsten Tagen ständig Thema sein würde: „Sie ließen mich nicht helfen!“ Es würde ohne Ergebnis ausdiskutiert werden. Manches Mal konnte Familie ganz schön anstrengend sein.

Man hofierte die Goldbraut von hinten bis vorn. „Bleib sitzen Mutti!“, „Hast du Hunger Mutti?“, „Schöner Tag heute Mutti, nicht wahr!“ Sie pressten ihr ein Sofakissen in den Rücken, tätschelte ihre Wangen und Oma saß da und genoss es.

Was zum Abendessen alles aufgefahren wurde, hätte garantiert für fünfzig Personen gereicht. Neben den drei Rollbraten gab es noch Unmengen von Kartoffelsalat, den Regina sehr gern aß. Es gab noch andere Salate, Aufschnittplatten, Brot, Butter, Gurken, Würstchen, Frikadellen, Rollmöpse, ja, und Kaviar. Alle bestaunten diese schwarze Masse auf den gekochten Eiern, die aussah wie die Hinterlassenschaft eines Vogels. Regina war enttäuscht, hatte sie sich so etwas Kostbares doch wesentlich ansehnlicher vorgestellt. Oma und ihre Tanten platzten vor Stolz. Bei der goldenen Hochzeit gab es Kaviar. Ihr Vater grinste spöttisch. Man hatte jedenfalls wieder ein Thema. Kaviar! Als Regina das Ei mit der körnigen schwarzen Masse probierte, hätte sie sich am liebsten übergeben.

Nach dem Abendessen kam die Pfirsichbowle auf den Tisch. Mit dem bunten Stäbchen fischte Regina sich die leckeren Früchte heraus und empfand sie nach diesem opulenten Mahl als sehr erfrischend. Sie unterschätzte allerdings den Alkoholgehalt und merkte zu spät, dass der Boden unter ihr zu schwanken begann. Das Muster der Tapete an der gegenüberliegenden Wand kam auf sie zu. Die blauen Hortensienblüten mit den grünen Blättern bewegten sich auf und ab und grinsten sie böse an. Dieses Gefühl wurde schlimmer und sie musste schnellstens die Toilette aufsuchen, um sich von den Pfirsichen, dem Kaviar, dem Rollbraten, dem Kartoffelsalat und all dem anderen tollen Zeug zu verabschieden. Danach ging es ihr besser.

Auf dem Heimweg – sie hatten kaum die Wohnung der Großeltern verlassen – ging es los. Reginas Vater machte seinem Ärger Luft. Da würde er vorläufig nicht mehr hingehen, sie hätten ihn zu wenig beachtet und das Essen war ja viel zu übertrieben für eine Arbeiterfamilie. Kaviar, wie albern. Und erst die Bowle, viel zu dünn! Traurig und schweigsam ging ihre Mutter, mit ihrem Tellerchen voll Kuchen, den man ihr mitgegeben hatte, neben ihm her und sagte nichts. Einige Wochen später schaute ihre Mutter sich nachdenklich die Fotos an, die ihr Onkel an dem Tag dieser Feier gemacht hatte und wirkte enttäuscht. Auch Regina hatte den ersten Weihnachtstag 1971 lange nicht vergessen können.

Die letzte Schicht

Nun also, in der Silvesternacht, ging es zur letzten Schicht. War die alte Aktentasche genauso traurig wie ihr Herr, der sie mehr als zwei Jahrzehnte lang durch die Gegend getragen hatte? Dem sie so vertraut geworden war wie ein guter Freund? Ganz in der Ecke würde sie natürlich noch nicht landen, denn wie all die Jahre würde sie weiterhin einmal die Woche den Aldi-Markt von innen sehen, um in ihrem Bauch Flaschen und Konserven nach Hause zu tragen.

Wie lange ging sie jetzt schon zur Wechselschicht und hatte ihrem Herrn treu die Thermosflasche mit heißem Kaffee und die vielen Wurstbrote durch die Gegend getragen?

Zum Weihnachtsfest 1955 hatte die Familie des Aktentaschenträgers zusammengelegt und ihm diese geräumige Tasche, die glänzend unter dem Tannenbaum stand, mit leuchtenden Goldschlössern, die noch ungetrübt in die Welt sahen, geschenkt. Sie roch intensiv nach Leder und übertraf damit den Duft der Tanne. Im Schein der flackernden Wachskerzen glänzte das Leder fast kitschig schön. Diese Tasche wartete förmlich darauf, endlich gefüllt zu werden und loszugehen, hinaus in die weite Welt.

Dies durfte sie damals gleich ein paar Tage später, zu Silvester, da ihr Herr an diesem Tag eine Zwölf-Stunden-Schicht ableisten musste. Dieser herrliche Lederduft erfreute ihren Herrn immer wieder aufs Neue und er strich, wenn niemand es sah, zärtlich über das Leder, bevor er seine ebenfalls neue Thermosflasche hineinstellte und seine Tupperbrotdose mit den vielen Wurstbroten, die für eine lange Schicht reichen mussten. Weil der Herr den Jahreswechsel in dem Werk verbringen musste, wo er Dienst tat, packte ihm seine Frau noch ein Schälchen Kartoffelsalat und ein Würstchen ein. Stolz schob die neue Aktentasche ab und schaukelte in der Hand des Herrn freudig hin und her. Die neuen Schlösser, die Augen der Tasche, blitzten klar und neugierig. Sie freuten sich auf das, was sie zu sehen bekommen würden.

Gegen achtzehn Uhr verließen der Herr und die Tasche durch den spärlich beleuchteten Hausflur das alte Zechensiedlungswohnhaus, welches ihrem Herrn seit langer Zeit ein bescheidenes Zuhause bot. Auf dem Hof schien nur der schwache Schein der alten Gaslaterne, die an der Straße stand. Stolz stellte der Herr die Tasche auf den Beifahrersitz seines roten VW Käfers. Die Fahrt konnte losgehen. Vorsichtig lenkte er das Auto über den unebenen Hof, durch die enge Einfahrt, hinaus auf die Straße, die an diesem Abend wie ausgestorben war. Fast alle Menschen saßen vor den Radio- und Fernsehgeräten oder bereiteten sich auf eine Silvesterfeier vor. Die Aktentasche war voller Erwartung, damals, als sie zu ihrer ersten Schicht fuhr.

Heute nun, Silvester 1975, ging es zur letzten Schicht. Man sprach in der Familie in den letzten Wochen von nichts anderem mehr. Und nun war er da, der große Tag. Wieder verließen Herr und Tasche gemeinsam das alte Wohnhaus. Die Wohnungen waren inzwischen mit Bädern und neuen Fenstern versehen worden. Geheizt wurde aber immer noch mit Kohleöfen.

Der Herr trug die Aktentasche nicht mehr so schwungvoll wie vor zwanzig Jahren. Seine Schultern hingen müde herunter, er ging gebückt, war inzwischen ergraut und einerseits recht froh, dass es heute die letzte Schicht war, zu der er sich aufraffen musste. Aber es war ein Gefühl von Traurigkeit in ihm, denn trotz seiner Gebrechen, die sich mit den Lebensjahren eingestellt hatten, liebte er seine Arbeit. Fünfundvierzig Jahre Wechselschicht, das soll ihm erst einmal jemand nachmachen. Zwanzig Jahre davon durfte diese Tasche ihn begleiten. Nie hatte sie ihn im Stich gelassen.

Sie stiegen ins Auto – inzwischen fuhr der Herr einen gelben Golf 1 – und die letzte Fahrt zur Arbeit konnte losgehen. Auto gefahren ist die Aktentasche immer gern. Auf dem Weg zur Arbeit konnte sie die anderen Taschen sehen, die am Arm ihrer Herrn überhaupt nicht glücklich aussahen, wenn sie im Regen durch die Gegend getragen oder hinten auf dem Fahrrad, bei Wind und Wetter, auf dem Gepäckträger festgeschnallt wurden. Oder die armen Aktentaschen, die dicht gedrängt in der Straßenbahn oder in einem Bus fahren mussten und hin und her gestoßen wurden. Da hatte sie es besser, sie durfte ihr ganzes Berufsleben lang in einem Auto fahren. Nun an ihrem letzten Tag fragte sie sich, wie das Leben ohne Arbeit wohl sein würde. Hoffentlich landete sie nicht in der Abstellkammer. Oder, was noch viel schlimmer wäre, sie wurde vielleicht sogar verschenkt? Hatte der Sohn des Herrn nicht letztens erst gesagt, er brauche unbedingt eine neue Aktentasche? Der Sohn war sehr ruppig, würde sie sicher nicht einmal im Monat mit Schuhcreme einreiben und anschließend wohltuend polieren. Waren sie allein, redete der Herr öfters mit ihr. Er erzählte ihr von seinen Sorgen und Nöten, teilte aber auch die Freuden mit ihr. Das machte sie stolz. Würden diese Stunden der trauten Zweisamkeit nun vorbei sein?

Schon von Weitem sah sie die Veba-Oel-Chemie, wo ihr Herr in Lohn und Brot stand, hoch erhoben auf dem Buerschen Hügel liegen. Heute würde sie diesen Anblick zum letzten Mal genießen können. Der Herr neben ihr seufzte tief und seine Augen wurden feucht. Zum letzten Mal würde sie sich aus dem Seitenfenster recken, um noch einmal dieses Werk zu sehen, wie es dort in der Sonne lag und der Qualm aus den langen Schornsteinen, der für kurze Zeit auf ihnen thronte wie Sahnehäubchen, in den Wolken verschwand. Viele Kessel, rund, lang und schmal, Röhren, aus denen es brodelte, endlose lange Rohre, die diese Kessel, rund und dick, sowie zylinderförmig und schmal, miteinander verbanden, waren zu sehen. Dahinter befanden sich künstlich angelegte Berge, sogenannte Halden, die durch den alten Abraum, der früher jahrelang aus der Zeche geholt und dort abgekippt wurde, entstanden sind und später begrünt worden waren.

Überall zischte und brodelte es, und als das Auto des Herrn auf den riesigen Parkplatz fuhr, anhielt und sich die Tür öffnete, wurden die tosenden Geräusche noch lauter. Aber die Aktentasche kannte dieses alles schon und es machte ihr keine Angst mehr. Nun wurde sie zur Kaue getragen, wo der Herr sich langsam und bedächtig umzog und wenig später in seiner Arbeitskleidung das Gebäude verließ. Er ging rechts die Straße auf dem Werksgelände hinunter, vorbei an zischenden Behältern und hohen Türmen, die Tasche fest in seiner Hand. Jeden Tag aufs Neue staunte sie über dieses immens große Werk. Eine kleine Stadt für sich war es inzwischen geworden.

Der Herr passierte die Salzstraße und betrat wenig später das Gebäude der Olefinanlage. Dort in der Messwarte befand sich sein Arbeitsplatz. Er stellte die Tasche unter seinen Schreibtisch, wo es ziemlich dunkel war, daran hatte die Aktentasche sich damals schnell gewöhnt. Es gab Taschen, denen es viel schlechter ging, sagte sie sich. Heute konnte sie zum letzten Mal den Gesprächen der Kollegen lauschen. Da wurden oft heiße Themen besprochen und die Aktentasche musste so manches Mal schmunzeln. Langweilig wurde ihr nie.

Der Herr setzte sich mit seinem rollenden Stuhl an ein großes Pult, fuhr hin und her, schaute auf Uhren und blinkende Lämpchen, telefonierte hier und redete mit den Kollegen dort. An der Wand gegenüber diesem Pult waren viele Knöpfe, Schalter und Lampen angebracht. Unentwegt blinkte und tutete es und der Herr, sowie seine Kollegen, liefen geschäftig hin und her. Manchmal, wenn diese vielen bunten Lämpchen

Die Veba-Oel-Chemie AG in den 70er-Jahren.

fast alle auf einmal blinkten und dazu noch laute Töne aus der Wand erklangen, bedeutete es, dass irgendwo im Werk eine Störung war und eine Anlage abgeschaltet werden musste. Heute, am letzten Tag, war alles ruhig.

Im Laufe der Schicht zog der Herr die Tasche mehrmals unter dem Schreibtisch hervor und entnahm ihr etwas Essbares. Soeben griff er nach einer Schachtel Pralinen, sowie einer Flasche und stellte die Tasche wieder zurück unter den Tisch. Jetzt würden die Kollegen Abschied feiern, dachte sie.

Und irgendwann war es so weit. Die Schicht war zu Ende. Dem Herrn wurde zum Abschied etliche Mal die Hand geschüttelt und auf die Schulter geklopft. Als sie endlich am späten Abend gemeinsam zum Parkplatz gingen, wieder vorbei an zischenden, dampfenden und brodelnden Kesseln und Rohren, merkte sie, wie still ihr Herr war. Immer wieder sah er sich um, blieb stehen, schaute in die eine oder andere Richtung, um Abschied zu nehmen. Am Parkplatz blickte er ein letztes Mal zurück auf das inzwischen beleuchtete Werk und trat schließlich die Heimfahrt an. Zärtlich strich er der Aktentasche über den Griff und meinte: „Nun, meine Gute, haben wir es geschafft. Das war unsere letzte Schicht!"

Als er mit dem Golf oben auf der Brücke angekommen war, hielt er kurz an, um ein allerletztes Mal von Weitem auf das Werk zu sehen, welches ein ganzes Arbeiterleben lang sein zweites Zuhause gewesen war. Er seufzte tief und fuhr heim. Irgendwie war er erleichtert, denn er hatte es hinter sich gebracht. Dass er durchgehalten hatte, erfüllte ihn mit Stolz. Der Tag, nach dem er sich so gesehnt hatte, war endlich gekommen. Er brauchte nicht mehr zur Arbeit, konnte theoretisch all das tun, was er sich vorgenommen hatte zu tun, wenn er in Rente gehen konnte. Doch heute war er krank und nicht mehr fit genug, all das zu machen, was er in jungen Jahren für den Ruhestand geplant hatte. Wie hatte er, wenn er sich gut fühlte, geschwärmt: „Ach, Frau, wenn ich erst Rentner bin, dann …!"

Zu Hause angekommen, nahm er wie immer die Aktentasche aus dem Auto und ging mit ihr ins Haus. Er stellte sie hinter das Sofa, wie immer, und setzte sich zu seiner Frau an den Tisch, so wie immer. Bald würde der Herr umziehen. In eine moderne Neubauwohnung mit Heizung. Dort hatten die Eheleute es einfacher. Sie brauchten keine Kohlen mehr aus dem Keller zu schleppen und kein Holz mehr zu hacken. Doch was würde aus der Aktentasche? Würde sie einen gemütlichen und trockenen Platz in der neuen Wohnung bekommen?

Der verschwundene Karpfen

1968 wohnte der vierzehnjährige Uli mit seinen Eltern Paul und Lydia sowie seiner drei Jahre älteren Schwester Ella in der Alten Kolonie Eving, einer Arbeitersiedlung im Dortmunder Stadtteil Eving. Ziemlich verstimmt saß die Familie am Silvesterabend bei Kartoffelsalat und Broten mit Leberwurst zusammen. So hatte Uli sich das nicht vorgestellt. Der Vater schaute mürrisch, die Mutter stand noch unter Schock, seiner Schwester, die mit roten Ohren in der Zeitschrift BRAVO blätterte, schien alles egal zu sein. Dr. Sommer war wichtiger.

Wo war bloß der Karpfen geblieben, den er vorgestern mit seinem Vater auf dem Wochenmarkt in Eving an der Bayrischen Straße gekauft hatte? Ein solches Prachtexemplar! In einer Wanne, die in einem Anhänger stand, der wiederum am Fahrrad des Vaters befestigt war, wurde er nach Hause transportiert. Uli konnte sich an dem tollen Fisch gar nicht sattsehen. Wegen seiner großen Glupschaugen und dem riesigen Maul, welches ihn beides an den mürrischen Nachbarn im Dachgeschoss erinnerte, taufte er ihn Helmut. Immer wieder ging er in die Waschküche, wo der Vater ihn in eine Zinkwanne gesteckt hatte. Paul hatte die anderen Mieter gefragt, ob sie einverstanden wären, wenn der Karpfen bis zum Silvestermorgen dort verbleiben würde. Großes Kopfnicken, alle waren einverstanden und hatten großen Spaß an dem Tier, steckten die Finger ins Wasser und versuchten mit „Dutzi, dutzi, dutzi“, dem Tier die Angst zu nehmen.

Heute Morgen, als der Vater den Hammerstiel aus der Schublade nahm und in den Keller ging, war Uli irgendwie mulmig zumute. Er hatte schon mit dem Gedanken gespielt, Helmut heimlich verschwinden zu lassen und ihm die Freiheit zu schenken. Das hatte sich ja nun erledigt. Die Wanne war leer. Helmut war weg. So gab es eben zum Kartoffelsalat nur Wurstbrote, da nichts anderes im Hause war.

Trotzdem ließ es Uli keine Ruhe. Die Frage, wer Helmut gestohlen hatte, nagte an ihm. Es konnte ja nur jemand aus dem Haus gewesen sein, war er sich sicher. Das meinte auch der Vater, wogegen die Mutter der Meinung war, dass sich ein Fremder eingeschlichen haben könnte, der sich den Fisch aus dem Keller geholt hatte. Doch wer konnte schon davon gewusst haben? Für Uli war von Anfang an klar, dass es nur die alte Frau Korling aus der Wohnung direkt über ihnen gewesen sein konnte. Er mochte diese besserwisserische Frau nicht. Seit ihr Mann vor einem halben Jahr gestorben war, saß sie dauernd bei seiner Mutter in der Küche herum und gab gute Ratschläge. Der Gipfel war, dass seine Mutter diese Alte eingeladen hatte, mit ihnen den Heiligen Abend zu verbringen. Sie sah es als Akt der christlichen Nächstenliebe, die arme Witwe an dem ersten Weihnachtsfest ohne ihren Mann in die Familie aufzunehmen.

„Aber die hat doch Kinder“, protestierte Uli.

„Da geht sie schon an den Feiertagen hin. Heiligabend kommt sie zu uns, basta“, beendete die Mutter die Diskussion.

Seufzend hoffte Uli, dass sie wenigstens ein dickes Geschenk für ihn mitbringen würde. Doch Pustekuchen, außer einen gesegneten Appetit brachte sie nichts mit. Wenn er daran dachte, wie sie sich bei Tisch aufgeführt hatte, wurde ihm jetzt noch übel. Nicht nur, dass die Frau nach Franzbranntwein und Elnett-Haarspray roch, nein, es waren ihre Manieren, die ihn zur Weißglut brachten. Seine Schwester bekam es nicht mit, weil sie vor dem Fernseher abhing. Genau wie der Vater, der sich einen Klaren nach dem anderen gönnte und die bösen Blicke der Mutter ignorierte. Sie selbst wollte nichts bemerkt haben. Die beiden anwesenden Omas ebenfalls nicht.

Punkt 18 Uhr, mitten beim Essen, zog sich die alte Frau nämlich ihre Stützstrümpfe aus und das nur aus dem Grund, weil sie es immer um diese Uhrzeit erledigte. Es sollte jedoch noch schlimmer kommen. Um 19 Uhr, die Hauptspeise war gerade beendet, holte sie mit der Bemerkung, sie machte das immer um diese Zeit, ihr Gebiss aus dem Mund und legte es auf ihre Serviette.

Uli konnte das Elend nicht mehr länger mit ansehen und ging am Heiligen Abend schon um 20 Uhr zu Bett. Trotz der herrlichen Geschenke, die von der alten Korling nur niedergeredet wurden. „Wir früher hatten das nicht", quatschte sie andauernd daher. Nur diese fürchterliche Frau konnte Helmut geraubt haben, war Uli überzeugt. Er schaute auf die Uhr. 20 Uhr, jetzt aß sie ihn wahrscheinlich gerade auf und freute sich, etwas umsonst bekommen zu haben. Er beschloss, ihr noch vor Mitternacht einen Kanonenschlag auf die Fensterbank zu werfen.

Am nächsten Tag führte ihn sein Weg in den Keller. Unter der Treppe standen die Mülleimer aufgereiht. Der letzte gehörte der alten Korling. Er öffnete den Deckel und wühlte mit ei-

Weihnachten in den 60er-Jahren.

nem Stock in dem Eimer. Die Asche staubte und brannte ihm in den Augen. Keine Gräten, nichts Verdächtiges. Sollte er sie doch zu Unrecht verdächtigt haben?

Einen Tag später lugte er wieder in den Mülleimer. Er stieß auf ein kleines, in Zeitungspapier gewickeltes Päckchen, das mit einer Schnur zugebunden war. Was konnte das sein? Neugierig öffnete er es. Es waren tatsächlich die Überreste von Helmut. Wütend wickelte er alles wieder ein und stapfte die Treppen hinauf ins Obergeschoss. Mit den Fäusten donnerte er an der Wohnungstür der alten Frau. So lange, bis sie mit mürrischem Blick öffnete.

„Ach, du bist es. Was willst du?“, fauchte sie den Jungen an. Uli drückte ihr das Päcken in die Hand, das sie mit gesenktem Blick entgegennahm.

„Sie haben Helmut gefressen. Aus der Waschküche haben Sie ihn gestohlen und dann ermordet. Sie sollten sich schämen.“

„Ich hatte schon so lange keinen Fisch mehr. Meine Witwenrente ist klein“, versuchte sie sich zu verteidigen.

„Ach, und da bestiehlt man Menschen, bei denen man den Weihnachtsabend verbracht hat?“

Mit Tränen in den Augen stürzte Uli die Treppen hinunter. Brühwarm erzählte er es seinen Eltern und wollte sich gar nicht beruhigen. Die Mutter kam ihm wieder mit frommen Sprüchen, von wegen verzeihen und so weiter.

Mit einem 20-Mark-Schein stand die alte Korling wenig später vor der Tür um sich zu entschuldigen. Natürlich nahm die Mutter das Geld nicht an.

Der Sternsinger

„Es ist für uns eine Zeit angekommen ...“, sang Werner an dem Tag zum wiederholten Male, als Caspar verkleidet, voller Inbrunst. Dieses Mal vor einem alten Zechenhaus in Ückendorf. Er war mit seinen 13 Jahren der älteste der Sternsinger. Eigentlich wollte er gar nicht mehr beim Dreikönigssingen mitmachen, doch als der Pfarrer ihn so lieb gefragt hatte, konnte er einfach nicht Nein sagen. Nun stand er hier mit Melchior und Bathasar sowie weiteren Kindern der

Kirchengemeinde und sang kräftig mit. Anschließend kassierte er das Geld für die gute Sache ein, für die in diesem Jahr, 1974, gesammelt wurde. Eins der Kinder schrieb mit Kreide den Segen an die Tür, ein weiteres steckte die Süßigkeiten ein, die sie von den dankbaren Leuten erhielten.

Es war bereits dunkel, als die Sternsinger die St. Josef Kirche an der Ückendorfer Straße erreichten. Sie hatten es eilig, stürmten in die Sakristei, um sich umzuziehen, teilten in Windeseile die Süßigkeiten auf und überließen es, wie selbstverständlich, Werner, das gesammelte Geld zum Pfarrer nebenan ins Pfarrhaus zu bringen. Nicht einmal beim Zählen wollten sie helfen, was Werner notgedrungen allein erledigte. Stolze 197,45 DM waren zusammengekommen, staunte Werner nicht schlecht. In seinen Augen blitzte es plötzlich auf, als er das Geld in den Händen hielt. Das war fast genau die Summe, die das Fahrrad, welches er im Schaufenster von Fahrrad-Kämper in der Weberstraße gesehen und wovon er schon so lange geträumt hatte, kostete. Es war silberfarben mit einer Drei-Gang-Schaltung und hatte 28-Zoll-Reifen. Nicht zu vergleichen mit seinem 24-Zoll-Uraltrad, das sein Vater vor Jahren günstig von einem Arbeitskollegen erstanden hatte und mit dem er sich schon lange Zeit schämte. Mit seiner Größe von 1,74 m war Werner dem Rad längst entwachsen.

Das Geld brannte in seinen Händen und sein Herz klopfte. Seine Probleme wären mit einem Schlag gelöst. Nur 1,55 DM müsste er dazugeben und das schöne Rad aus dem Schaufenster des Fahrradhändlers würde ihm gehören. Im Stillen hatte er gehofft, es zu Weihnachten zu bekommen. Immer wieder hatte er den Eltern damit in den Ohren gelegen. Die Enttäuschung war groß, als es am Heiligen Abend nicht unter dem Weihnachtsbaum stand. Stattdessen gab es warme

Kleidung und eine Spielesammlung. Es hätte in diesem Jahr nicht dran gesessen, erklärte ihm die Mutter traurig. Vielleicht im nächsten Jahr, meinte sie noch mit einem Blick auf die vier jüngeren Geschwister.

Würde er noch ein ganzes Jahr mit dem klapprigen kleinen Fahrrad fahren müssen? Er schaute auf die Uhr. Erst kurz nach siebzehn Uhr. Wenn er sich beeilte, könnte er es noch schaffen, mit dem Bus in die Stadt zu fahren, zu Kämper. Eilig stopfte er das Geld in die Hosentasche, verließ die Sakristei und rannte zur Bushaltestelle. Als der Bus losfuhr, bekam Werner erste Gewissensbisse. Was würden seine Eltern sagen, wenn er mit dem neuen Fahrrad nach Hause käme? Und was der Pfarrer, wenn er die Spendensumme nicht bekäme? Sicherlich wartete der gute Mann schon und machte sich Sorgen um ihn. Er sah ihn vor sich, wie er Pfeife rauchend in seinem Lehnstuhl bei einer Tasse Kaffee saß, die ihm Gundel, die alte Haushälterin, bereitet hatte. Wie oft hatte sie Werner einen Kakao gekocht und leckere Plätzchen dazugestellt, wenn er wieder einmal vorbeischaute, um dem Pfarrer einfach nur mal „Hallo“ zu sagen. Der alte Mann mit den gütigen braunen Augen konnte gut zuhören und hatte stets ein offenes Ohr für Werners Sorgen.

Und diesen Mann, der es immer nur gut mit ihm meinte, sollte er jetzt bestehlen? Ihm wurde heiß und kalt. Er sprang von seinem Sitz auf, ging zur Tür und verließ an der nächsten Haltestelle den Bus. Da er es nicht noch einmal riskieren wollte, unbezahlt Bus zu fahren, rannte er die drei Haltestellen, so schnell er konnte, zurück. Völlig außer Atem kam er eine Viertelstunde später am Pfarrhaus an und läutete Sturm. Es war inzwischen fast 18 Uhr. Gundel öffnete ihm und schickte ihn durch ins Wohnzimmer, wo der Pfarrer schon mit sorgenvollem Gesicht auf ihn wartete.

Wer kennt sie nicht, die Sternsinger.

„Werner, da bist du ja endlich. Ich dachte schon, dir sei etwas passiert. Gundel hat schon überall in der Kirche nachgesehen, doch da war niemand mehr.“ Mit durchdringendem Blick schaute der Pfarrer ihn lange an, als wüsste er genau, was Werner vorgehabt hatte. Warum hatte er ihm bloß von dem Fahrrad erzählt?

Emsig kramte Werner das Geld aus seiner Hosentasche und legte es auf das Tischchen, neben dem Sessel des Pfarrers. „Fast 200 Mark sind zusammengekommen“, sagte Werner und schaute verlegen auf den Boden. Am liebsten hätte er dem Mann gebeichtet, wofür er fast das Spendengeld ausgegeben hätte. Er entschied sich jedoch, besser zu schweigen.

Der Pfarrer bedankte sich und schenkte ihm noch eine Tafel Schokolade. „Und nun mach, dass du nach Hause kommst. Sicherlich sorgen sich deine Eltern schon.“

Draußen atmete Werner erst einmal tief durch. Puh, noch einmal gut gegangen, dachte er. Fast hätte er eine große Dummheit begangen.

Zu Hause wartete eine Überraschung auf ihn. Ein verspäteter Weihnachtsbrief seiner Patentante Hedwig aus Unna war eingetroffen, berichtete ihm seine Mutter. Neugierig, wie sie war, hatte sie schon nachgesehen, was er enthielt.

„Tante Hedwig hat dir 100 Mark geschickt, Werner. So können wir vielleicht doch noch das schöne Fahhrad kaufen“, strahlte die Mutter ihn an.

Beschämt, mit Tränen in den Augen, sah er sie an.

„Ja, freust du dich denn gar nicht?“, wollte sie wissen.

„Doch, klar, freue ich mich“, kam es kleinlaut von Werner.

Weitere Bücher aus der Region

Dunkle Geschichten aus dem Ruhrgebiet
SCHÖN & SCHAURIG
Margit Kruse
80 Seiten, Hardcover, schw./w. Fotos
ISBN 978-3-8313-2979-3

Ruhrgebiet – 1000 Freizeittipps
Städte, Natur, Kultur, Sport und Industriedenkmäler
Sabine Durdel-Hoffmann
192 Seiten, zahlr. Fotos
ISBN 978-3-8313-2891-8

Ruhrgebiet – Die Gerichte unserer Kindheit
Rezepte und Geschichten
Heinrich Wächter
128 Seiten, Hardcover, zahlr. Farbfotos
ISBN 978-3-8313-2204-6

Jahrhundertprojekt Biggetalsperre – Vergangenheit, Gegenwart, Zukunft
Achim Gandras
84 Seiten, Hardcover, zahlr. Fotos
ISBN 978-3-8313-2274-9

Wartberg-Verlag GmbH
Im Wiesental 1 | 34281 Gudensberg
www.wartberg-verlag.de

Bücher für Deutschlands Städte und Regio
Tel. 0 56 03-93 05 0
Fax 0 56 03-93 05 28